Business Performance and Management
of Elderly Care Facilities

# 介護老人福祉施設の経営成果と組織管理

福祉経営の時代における目指すべき経営と戦略

呉 世雄 著
Oh Sewoong

御茶の水書房

介護老人福祉施設の経営成果と組織管理

目　次

# 目　次

序　章 ………………………………………………………………… 1

　　第 1 節　研究の背景と目的　1
　　第 2 節　研究の対象と方法　5
　　第 3 節　用語の定義　11

## 第 1 部　経営環境と介護保険制度の関連施策の変化

### 第 1 章　介護老人福祉施設の経営環境の変化 ……………………… 19

　　第 1 節　社会福祉法人の存在意義の揺らぎ　19
　　第 2 節　介護老人福祉施設の経営環境の変化　25
　　第 3 節　介護老人福祉施設の経営の実態　37

### 第 2 章　介護保険制度の導入と関連施策の変化 …………………… 47

　　第 1 節　介護保険制度以前の高齢者福祉政策の展開　47
　　第 2 節　介護保険制度の関連施策の変化　58

## 第 2 部　経営成果と組織管理の実証分析

### 第 3 章　介護老人福祉施設の経営成果と組織管理の
　　　　　　構成要素 ……………………………………………………… 73

　　第 1 節　研究の背景と目的　73
　　第 2 節　研究方法　74
　　第 3 節　経営成果の構成要素　76
　　第 4 節　経営成果に影響を及ぼす組織管理の構成要素　81
　　第 5 節　考察：経営成果と組織管理要因の構成要素　88

### 第 4 章　介護保険制度の施策変化が経営成果に
　　　　　　及ぼした影響 …………………………………………………… 97

　　第 1 節　研究の背景と目的　97

第 2 節　介護保険制度の諸施策の分類　98
　　第 3 節　研究方法　104
　　第 4 節　介護保険制度の諸施策が施設経営に及ぼした影響　105
　　第 5 節　施設の属性による財政及びサービスへの影響の度合い　108
　　第 6 節　考察：介護保険制度の諸施策が果たした効果と課題　109

## 第 5 章　組織管理要因が経営成果に及ぼす影響　115

　　第 1 節　研究の背景と目的　115
　　第 2 節　先行研究における要因間の関連性　116
　　第 3 節　研究仮説と研究方法　119
　　第 4 節　組織管理要因と経営成果の要因構成　122
　　第 5 節　要因間の因果モデルの提示　127
　　第 6 節　考察：サービスの質の維持・向上のための組織管理　128

## 第 6 章　経営利益率とサービスの質関連指標との関係　137

　　第 1 節　研究の背景と目的　137
　　第 2 節　経営利益率と適正利益　139
　　第 3 節　研究仮説と研究方法　140
　　第 4 節　経営利益率とサービスの質関連指標との関係　143
　　第 5 節　考察：適正利益の追求とその基準の提示を求めて　147

## 第 7 章　地域貢献活動の状況と影響要因　157

　　第 1 節　研究の背景と目的　157
　　第 2 節　地域貢献活動の現代的意義　158
　　第 3 節　研究仮説と研究方法　159
　　第 4 節　地域貢献活動の実施状況と施設の経営特性の関係　162
　　第 5 節　施設長の属性による施設の経営特性に対する認識の違い　166
　　第 6 節　介護保険制度に対する適応と地域貢献活動の関係　167
　　第 7 節　考察：地域貢献活動を促進するために　169

## 終章　持続可能な施設経営と制度経営を目指して　177

　　第 1 節　持続可能な施設経営　178

第2節　持続可能な介護保険制度の経営　187
　　第3節　新たな経営環境の変化と今後の研究課題　192

あとがき……………………………………………………………………201

初出一覧……………………………………………………………………205

索　　引……………………………………………………………………207

# 序　章

## 第1節　研究の背景と目的

### 1. 研究の背景

　経営とは、組織目的達成のために、その組織の有する経営資源（ヒト、モノ、カネ）投入の仕方に関する意思決定を行うことであり（千葉2006：11）、経営の基本は合理的な判断と執行によって最少の努力で最大の効果を派生させ成果を得ていくことである（福祉経営研究会2000：38）。

　社会福祉分野における経営概念の積極的な議論や導入は2000年前後からであり、社会福祉基礎構造改革や介護保険制度の開始などは、社会福祉施設や社会福祉法人の「運営」が「経営」に変わる転機となった。特に、2000年4月から介護保険制度の開始に伴い、従来、主に社会福祉法人に委託されていた高齢者介護の措置制度が、例外を除き廃止されることとなった。さらに、事業者に対する規制も大幅に緩和され、NPO法人や生協法人などの非営利法人のみならず、営利法人の介護保険事業への参入が認められ、供給主体の多様化による競争が始まったのである。このような制度や経営環境の変化は、これまで高齢者介護領域における社会福祉法人の独占的な地位を大きく揺るがすこととなり、社会福祉法人にとっては、重大な経営危機と認識されるようになったのである。

　しかし、一方では経営の自由が与えられた側面もある。措置制度における措置費は、事務費と事業費に大きく分けられ、その使途についても決まりがあったために柔軟な資金の運用ができなかったが、介護保険法の施行に伴い、委託費ではなく、利用者に対するサービス提供の対価となり、使途制限は課

されなくなった。また、施設から法人への繰越額の規制も緩和され、経営の効率性や自律性が強化されることとなった。言い換えれば、社会福祉法人は高齢者介護における独占的な地位を失う代わりに、経営の自由を得たのである。

　本書では、営利法人とは異なる社会福祉法人の経営成果やその影響要因に着目すると同時に、組織における行動メカニズムを明らかにするために介護老人福祉施設を研究対象とした。一部の例外を除けばそのほとんどが社会福祉法人によって経営されている介護老人福祉施設は、措置制度の時代には特別養護老人ホームと呼ばれ、介護保険制度の開始に伴い、施設介護の代表的な施設として位置づけられている。

　介護老人福祉施設の経営状況は、介護保険制度開始直後は措置制度の時よりやや収益が上がったが、2003年の介護報酬のマイナス4％改定によって収益率は減り始めた。2002年の収益率が全国平均14％だったのが2007年にはその半分の7％まで下がり、中には赤字経営をしているところも少なからずある。一方、依然として高い収益を出している施設も少なくないが、このような収益の差はどこから生じるのだろうか。各々の施設の経営能力の差が大きくなってきたとも言えるが、その経営能力の最も大きな部分を占めるのが人件費の削減である事は否めない。

　近年、介護施設は施設経営における競争の時代に突入したと言われているが、他の法人や営利企業との競争というよりは「自己競争」と言うべきではなかろうか。つまり、制度や経営環境の変化に伴う経営の危機感から、経営戦略として人件費や事業費の削減に集中するあまり、変化する経営環境に対し組織の変革を図り積極的な改善策を求めるというよりは、自己防衛的な「我慢経営」になったと言えよう。その我慢の影響は経営者だけではない。サービスの利用者や働く職員にもその責任分担を負わせる結果となったのである。これは介護保険制度の導入を前後にして始まった経営の危機感から、人件費や事業費を削り、収益率を補てんしようとする歪んだ経営の結果なのである。

　さらには、社会福祉法人の経営が経営難を理由に、地域社会のニーズや課

題を解決するための事業や活動が縮小されることもしばしば指摘され、いわゆる営利企業化しているとの批判も少なくない。かつて、地域社会を活動舞台としてソーシャルワーク機能を施設ぐるみで果たしてきた社会福祉法人の歴史やその持つ意味を考えると、運営が経営に変わったとしてもその中身が大きく変わる事はないはずである。しかし、実際の近年の動きをみると、社会福祉法人と営利企業との経営の違いがそれほど大きく見えないのが現実であろう。社会福祉法人と営利企業の経営の条件を同じくするべきとするイコールフッティング（equal footing）論が登場したのも、このような背景を持つのである。

　今、改めて、介護老人福祉施設が目指している経営の姿とは何かについて考える必要がある。社会福祉法人の社会福祉活動の最前線にあったはずの介護老人福祉施設の目指すべき経営の姿や経営成果とは何かについて改めて考える事は、今後の持続可能な経営のあり方を見据えるための最も重要な作業であると考えられる。

　また、目指すべき経営成果を果たすためには、どのような経営管理の取り組みが必要なのかについても検討する必要があろう。社会福祉領域に経営の概念が導入されたとはいえ、施設ごとに温度差は大きく、経営成果の差が生れ、ますますその幅が広がっている。このような施設間の経営成果の差を縮めることは、社会全体として、より良いサービスを安定的に提供することができるという側面と同時に、介護保険財政の効率性を図るという意味でも重要である。つまり、サービスの質の標準化と財政の安定化を図ることができると考える。

　介護老人福祉施設の経営成果に影響を及ぼす要因としては、経営学や医療・保健領域における知見を借りると、仮説的に、外部環境要因と内部環境要因があると考えられる。施設の外部環境要因とは、地域社会の需要やニーズの変化、同業者の動き、関連制度の変化などの要因を意味し、内部環境要因とは組織内の特性、つまり組織を構成する人や文化、システム等を指す。これらの外部環境と内部環境要因は、お互い影響し合う関係であり、一般的に、外部環境の変化の影響にさらされないためには、内部環境の充実が求め

られると言われている（児玉 2005）。

　介護老人福祉施設の経営は介護保険という制度内での事業がほとんどを占めることから、外部環境の中で最も経営に影響を及ぼすとされるのは、介護保険制度であり、介護報酬の改定や施策の変化は施設経営に大きな影響を及ぼす要因である。一方、介護老人福祉施設における内部環境とは、主に施設のマネジメント能力に関わるものであり、リーダーの役割や組織の持つ柔軟性や職員同士の結束力などがあげられる。上述したように、内部環境が充実していれば外部環境の変化による影響を少なくすることができる。つまり、施設内の組織力やマネジメント機能を強化させれば、介護保険制度の施策変化による経営への影響を最小限にすることができると言えよう。

　このように、介護老人福祉施設の経営成果は、介護保険制度という外部環境とマネジメント機能の内部環境の変化により大きく左右されるものであり、経営成果を安定的に求めるためには両側面を常に調整していかなければならない。

　本書は、これまで介護老人福祉施設が急激な経営環境の変化にさらされながら、経営という慣れない概念を取り入れ、それを試す形で取り組んできた施設経営の現状を可視化する事により、改めて介護老人福祉施設が目指すべき方向について示唆を与える事が出来ると考える。また、制度面、組織面の影響要因を明らかにする事によって、持続可能な経営戦略としての組織改革や制度改革のヒントを示す事が出来ると考える。

## 2. 研究の目的

　本書では、福祉経営の時代における介護老人福祉施設が目指すべき経営成果とは何か、またその経営成果に影響を及ぼす要因とはなにかについて明らかにすることを目的としている。また、介護老人福祉施設の経営成果については、一般企業の経営とは違う社会福祉法人ならではの求めるべき要素に着目し、影響要因については外部環境要因としての介護保険制度の施策変化から、また内部環境要因については組織管理特性との総合的な視点から分析を行うこととする。それに基づき、最終的には施設経営及び介護保険制度のあ

り方に関する提言を行うこととする。

## 第2節　研究の対象と方法

### 1. 研究の対象

　本研究の研究対象は、組織類型としては介護老人福祉施設であり、調査の具体的な対象者は施設長と介護・看護職員である。なお、施設の経営方針は、経営主体である社会福祉法人の経営方針に影響されることを考慮すると、理事長を調査対象にすべきとも考えられる。しかし、一法人一施設を除けば多くの場合、理事長は直接、現場の職員や利用者に触れることが少ないことや、介護保険制度の変化や施設の状況について細かく把握することが難しいという限界がある。それに対し、施設長は理事長に比べると施設現場の状況を把握しやすい立場であり、介護保険制度の変化に対応しながら施設の経営管理に直接かかわっているという点から、制度的及び組織的要因をより適切に把握することができると考える。

### 2. 研究方法

#### 1) 文献調査

　介護保険制度の施策変化、介護老人福祉施設の経営における成果やその影響要因について、先行研究や関連資料等の検討を行っている。介護保険制度の施策変化の内容については、2000年から2012年までに講じられた主な施策を取り上げ、時系列的に内容を整理し考察を行った。これを踏まえ、アンケート調査の質問項目の作成している。また、介護老人福祉施設における経営成果やその影響要因については、先行研究における概念や要因を基に検討し、インタビュー調査やアンケート調査の質問項目の作成と研究仮説の設定を行った。

#### 2) インタビュー調査

　質問項目は、①「介護老人福祉施設の成功した経営とは何か、貴施設が目

指している経営像とは何か」、②「成功した経営または目指している経営のためにはどんなことが必要か、実際に取り組んでいることは何か」、③「介護保険制度の施策の変化は施設経営にどのような影響を及ぼしたか」などである。

調査の実施は、2010年10月から2011年3月までのプレインタビューを経て、その後、2011年6月まで本調査を行った。

インタビューから得られた音声データは、文字化した後、その内容について質的分析方法に基づいて分析を行っている。インタビュー調査の結果からは、介護老人福祉施設の目指すべき経営成果と、その影響要因が導き出され、次のステップのアンケート調査の研究仮説や質問項目の作成の根拠資料として活用されている。

### 3）アンケート調査
#### （1）調査対象と方法

調査対象は、全国（宮城・岩手・福島県を除く）の介護老人福祉施設に勤務している介護・看護職員とした。本調査の前に、質問紙の質問項目の内容や用語の適切さを確認するために、東京都内の10か所の介護老人福祉施設を対象にプレ調査を行った。施設長10名及び介護・看護職員80名から回答が得られ、その結果を参考にし、質問項目の構成や用語に関する精査を行い本調査のための質問紙を作成した。

本調査における対象者の抽出は、2011年10月時点で、WAM-NET「介護事業者情報」に介護老人福祉施設として登録されている6,258施設より、都道府県別に1,000施設を等間隔抽出した。抽出された施設の施設長あてに、施設長用の質問紙1部と介護・看護職5人分の質問紙・返信用封筒を郵送し、職員用の質問紙は職員に配布するように依頼した。回答した質問紙は郵送で返信してもらうように依頼した。調査の実施は、2011年11月10日から11月30日までで、施設長は265部が回収（回収率26.5％）され、職員は1105部が回収（回収率22.1％）された。

(2) 調査項目
①施設長への質問項目
(ア) 施設の属性：法人の設立時期、労働組合、介護報酬、地域区分、報酬種類、収益率、定員、介護職員数、看護職員数。
(イ) 施設長の属性：性別、年齢、学歴、雇用形態、職種、施設長になる前の主な職位、今の職場での勤務期間、施設長経歴、関連分野全体経歴、資格。
(ウ) 地域社会貢献活動の状況と促進要因：地域貢献活動の実施状況及び促進要因に関する項目は、事前に行った施設長に対するインタビュー調査の結果と先行研究などを踏まえ質問項目を作成した。地域貢献活動の実施状況は13項目に構成され、促進要因は23項目によって構成れる。
(エ) 介護保険制度の影響：介護保険制度の影響に関する項目は、介護保険開始以降導入された施策や制度の変化を整理し、事前に行った施設長に対するインタビュー調査の際に、施策の内容や用語について確認を経て、20項目で質問紙を作成した。
(オ) 介護保険制度への適応：介護保険制度への適応に関する項目は、事前に行った施設長に対するインタビュー調査の結果を踏まえ、介護保険制度の施策変化にサービス面、財政面、人材面で、どのように対応してきたかをたずねる15項目によって構成される。
(カ) 財政状況：財政状況については、前年度の収益率、近年の財政状況、他の施設と比しての財政状況等をたずねる5項目によって構成される。

②職員への質問項目
(ア) 属性：性別、年齢、学歴、職位、職種、勤務期間などをたずねた。
(イ) 職務満足：Lee（2003）が開発したQWL（Quality of Work Life）測定尺度を使用した。この尺度は、介護スタッフの職務満足の測定のため開発され、合計15項目で、「成長満足」、「同僚関係」、「上司関係」、

表 0-1　施設長及び職員への質問項目

|  | 変数 | 下位要因 | 項目数 | 出典 |
|---|---|---|---|---|
| 施設長 | 地域貢献活動 | ニーズ把握 | 4 | 自主作成 |
| | | サービス提供 | 4 | |
| | | 収益還元 | 2 | |
| | | 地域評価 | 3 | |
| | 地域貢献活動の促進要因 | 使命・リーダー | 4 | 自主作成 |
| | | 財政確保 | 4 | |
| | | 人材育成 | 4 | |
| | | 自治体との関係 | 4 | |
| | | 地域資源・連携 | 7 | |
| | 介護保険制度の影響 | 介護保険制度の影響 | 20 | 自主作成 |
| | 介護保険制度への適応 | サービス、財政、人材 | 15 | 自主作成 |
| | 財政安定 | 財政安定 | 5 | 自主作成 |
| 職員 | 職務満足 | 待遇に対する満足 | 4 | Lee（2003） |
| | | 上司との関係満足 | 2 | |
| | | 同僚との関係満足 | 4 | |
| | | 成長満足 | 6 | |
| | リーダーシップ | 理想化による影響 | 4 | 三谷・黒田（2011） |
| | | モチベーションの鼓舞 | 4 | |
| | | 知的刺激 | 4 | |
| | | 個別的配慮 | 4 | |
| | チームワーク | モニタリングと相互調整 | 7 | 三沢・佐相・山口（2009） |
| | | 職務の分析と明確化 | 5 | |
| | | 知識と情報の共有 | 4 | |
| | | フィードバック | 3 | |
| | 人事労務管理 | 教育研修 | 4 | 自主作成 |
| | | 労務管理 | 7 | |
| | サービスの質 | 信頼性 | 4 | Parasuraman, Zeithaml, & Rerry（1998） |
| | | 応答性 | 4 | |
| | | 保証性 | 4 | |
| | | 共感性 | 4 | |

「待遇満足」の 4 つの下位要因で構成される。
（ウ）リーダーシップ：変革的リーダーシップ理論に基づき、労働政策研究・研修機構（2003）が作成したものと、それを三谷ら（2011）が修正し使用したものを介護分野に適切な表現や用語に修正を加え使

用した。本尺度は「理想化による影響」、「モチベーションの鼓舞」、「知的刺激」、「個別的配慮」の4つの下位要因で構成される。
(エ) チームワーク：三沢ら（2009）が開発した「チームワークプロセス」尺度を基に作成した。本尺度は、本来、看護師のチームワークを業務場面におけるプロセスごとに下位要因が構成されており、本調査においては介護分野に適した表現や用語に修正し使用した。本尺度は、「モニタリングと相互調整」、「業務の分析と明確化」、「知識と情報の共有」、「フィードバック」の4つの下位要因で構成される。
(オ) サービスの質：介護施設職員のサービスの自己評価に関する尺度がないため、Parasuramanら（1998）が開発したSERVQUAL尺度を参考し、ハード面の質に関する項目を除き、職員のサービス提供における姿勢や態度を測る15項目から尺度を作成した。
(カ) 人事労務管理：人事労務管理に関する項目は、事前に行った施設長に対するインタビュー調査の結果を踏まえ作成した。下位要因は、「教育研修」4項目、「労務管理」7項目で構成される。

(3) 倫理的配慮

調査用紙に調査の趣旨と共に、回答は自由意志であり、拒否しても不利益を被ることがないこと、調査は無記名で、個人が特定できないよう統計処理することを説明した文書を添付した。また、本調査の前に、法政大学研究倫理審査委員会の承認を得たうえで調査を実施した。

## 3. 分析方法

調査から得られたデータは、集計し、SPSS20.0及びAMOS20.0を用いて分析を行った。施設長からの回答結果と介護・看護職員からの回答結果はそれぞれ集計・分析を行った。なお、施設長の結果と職員の結果を同時に踏まえた分析が必要な場合は、それらを一つの分析単位にするために、施設長及び職員の結果を合わせて施設単位にデータ入力し、分析を行った。それぞれの研究課題に合わせて設定した研究仮説に基づいて分析を行ったが、分析方法

の詳細については、各節の研究方法にも示した。

## 4. 研究の分析枠組みと仮説

本研究は、介護老人福祉施設は目指すべき経営成果として共通する要素が存在し、その経営成果には外部環境要因としての介護保険制度の施策変化と、内部環境要因としての組織管理の特性が影響を及ぼすという大きな仮説の基盤を有する。整理すると以下の通りである。

仮説1:「介護保険制度の施策変化は、経営成果に影響を及ぼす」。介護保険制度が導入されてから13年が経ったが、2005年度の全面改正をはじめ、数回に渡る介護報酬改定や介護保険制度の関連施策の変化によって、経営成果の内容や質にも多くの変化があったと考えられる。

仮説2:「施設の組織管理の特性は、経営成果に影響を及ぼす」。経営環境の変化に対応するために、組織改革や経営戦略の革新が図られるが、それらの経営努力は法人や施設によって大きな差があり、それが経営成果の差につながる。各施設の組織作りや組織管理の仕方によって経営成果が異なることを意味する。

仮説3:「経営成果を構成する要素のなかでも、優先順位がある」。経営成果には複数の視点が存在する。社会福祉法人として果たすべき公益性に基づく成果と、事業の持続性を図るための成果、その他の成果などは、お互い影響し合う関係にある。

仮説4:「介護保険制度の施策変化に対する適応（制度適応）の度合いが経営成果に影響を及ぼす」。介護保険制度の施策変化に対する適応の度合いは法人や施設の状況によって異なり、施策の変化に適応する施設とそうでない施設とでは経営成果にも差が生じる。このような制度適応の結果は、介護老人福祉施設による介護保険制度以外のサービス提供や地域貢献活動などの取り組みの積極さの差として現れると考えられる。

以上の基盤仮説を実証的に検証するため、次のように質的研究と量的研究の二段階の手順で研究を進めた。

まず、2章にて、「介護保険制度の施策変化」を2000年から2012年までの

関連施策の整理を行い、論点を抽出した。また、第3章にて、目指すべき「経営成果」とそれに影響を及ぼす「組織管理」の構成要素については、インタビュー調査による質的分析を通して、それぞれの構成要素を抽出した。

その後、第4章、第5章、第6章、第7章においては、上記の「介護保険制度の施策変化」や「組織管理」と「経営成果」の関係（第4章、第5章、第7章）、「経営成果」の構成要素間の関係（6章）について、それぞれ詳細な研究仮説を設定し検証を行った。

## 第3節　用語の定義

### 1. 経営成果（Business Performance）

経営成果とは、企業の経済活動の結果として得られる補償であり、経営管理を評価する基準となる。一般に成果というと、コスト・パフォーマンスを意味し、資源の投入に対するアウトプットとしての事業利益で評価されることが多い。しかし、経営成果は、そのような貨幣的な価値のみでなく、各組織のミッションや目的によって異なるものと理解される。営利組織は利潤追求の原理に基づき、事業利益を成果と見なすことが一般的であるが、非営利組織においては、組織の設立趣旨や追求する価値などのミッションによって、期待する成果も変わってくる。したがって、非営利組織における成果は、組織自らが直接成果を考えなければならないし、それを測定する方法を考えなければならない（Drucker1990＝上田 2007：118）。

社会福祉法人は、日本の福祉領域における最も古い歴史を持つ非営利組織であり、戦後、福祉サービスの主な担い手として、国や社会からの信頼を基に「社会福祉事業の実施」や「地域福祉の増進」を目的とする公益法人である。したがって、その求めるべき経営成果においても、営利企業のそれとは差別化しなければならないであろう。社会福祉法人の経営成果は、事業利益のみでなく、社会性や公益性を重視した成果目標の設定、つまり、社会福祉法人ならではの経営成果を考える必要がある。それは、公益法人としての存在意義を社会に証明するものでもある。

しかし、だからと言って、事業利益を重視しなくても良いというわけではない。一定以上の事業利益は、事業の継続性を担保する重要な要素であり、利用者やサービスの質という視点から見ても、必要不可欠な経営成果と言える。経営資源のヒト・モノ・カネ・トキ・シラセをどのように投入・調整し、より多くの成果を生み出すかという成果重視の考え方が、社会福祉法人だからと言って、他の組織と大きな違いがあるわけではない。言い換えると、社会性や公益性に基づく社会福祉法人ならでは目指すべき経営成果には、このような事業利益をも含まれることを意味する。

## 2. 経営環境（Business Environment）

　経営は、組織における内外の環境の相互作用の営みと言える。経営における環境は、大きく外部環境と内部環境に分けられる。外部環境は、組織を取り巻く政治的・法的要因、経済的要因、文化的要因などのようなマクロ環境と、地域の立地条件、消費者のニーズ、労働力市場、競争企業の動向などのミクロ環境に分けられる。一方、内部環境は、「人・物・金・情報」のような、個々の企業が持つ資本力、機械・設備といった目に見えやすいものと、情報力や従業員の熟練や意欲、経営者のリーダーシップやマネジメント能力などの目に見えにくいものによって構成される（Chen, M.1995：11-12, 児玉2005：5）。外部環境と内部環境は、いずれも固定されたものではなく、時代や状況によって規定される可変的なものである。

　外部環境と内部環境は相互作用する一つのシステムであるが、外部環境システムが大きく変化しても、内部環境システムが良好に機能していればそれらの影響を一時的にブロックし、最小限にとどめることができる（児玉2005：5）。つまり、外部環境に合わせた組織づくりができていれば、外部環境からの影響を少なくし、経営の安定を保つことが出来ると言うことを意味する。

　福祉サービス提供組織の経営は、社会・政治・経済的な状況の変化と密接な関係をもつ。例えば、少子高齢化による人口構造の変化は福祉ニーズの複雑・多様化をもたらす。さらに政権によって福祉サービスの提供方針が変わ

ったり、国の財政状況の変化は福祉サービスへの公費支出の度合いに影響を及ぼすことになる。その結果、提供するサービスの種類や顧客（利用者）の規定が変わったり、デリバリシステムが変わるなど変化が生じ、組織はそのような環境変化に合わせて組織をマネジメントして行かなければならない。しかし、社会福祉法人は、戦後、措置委託という安定的な資金確保を前提に、外部環境の変化による影響を最小限に抑えながら、比較的安定的な運営を行ってきた。したがって、外部環境の変化に適応するための自己努力や組織の変革を積極的に行う必要性がなかったのである。

しかし、2000年前後に行われた社会福祉基礎構造改革は、社会福祉法人の経営環境を大きく変えるものであった。福祉サービスのなかでも、とりわけ介護サービスの提供においては競争原理が積極的に導入されることになった。サービスの提供者の多様化や優遇制度の縮小、そして営利企業などとのイコールフッティングの要求など、短期間で急激な外部環境の変化に直面することになったのである。当時、このような大きな外部環境の変化に適応するために法人や施設における自助努力が叫ばれ、それは社会福祉事業における経営時代を始まりとも言える。

本研究では、経営成果に影響を及ぼす要因を大きく、外部環境要因と内部環境要因とで分けて、それぞれの要因による影響や要因間の関係を明らかにすることを目的としている。なお、外部環境要因と内部環境要因を単純化し、外部環境要因については「介護保険制度の施策変化（制度要因）」に、内部環境要因については「介護老人福祉施設の組織特性（組織要因）」に着目することとする。

### 3. 制度適応（Institutional Adaptation）

環境に「適応」するということは、組織が生き延びるために環境と融和することを意味し、それは組織システムの変革を伴うものである。

経営管理においても同様に、マクロ・ミクロの外部環境の変化のなかで、市場で生き延びるためには、管理システム等を変革させ、外部環境に内部環境を柔軟に合わせることが求められる。

Lawrence & Lorsch は、このような立場からコンティンジェンシー理論（状況適応理論）を主張している。この理論は「環境→組織構造・プロセス→有効性・成果」を説明しており、「組織内部の状況やプロセスが外部の要求条件に適合していれば、その組織は環境に効果的に適応できる」(Lawrence & Lorsch 1967) というものである。ここで重要なのは、外部環境と内部環境の融和の度合いと言える。外部環境に身を任せても良いのであれば、ただ状況に組織を合わせれば良いが、そうでなければ組織を変革させるか、若しくは環境を変える努力が必要となる。

　多くの福祉サービスは、準市場という管理された市場の枠の中での経営であるため、市場管理のための規則や制度等の変化は、事業における財貨や人材の投入の仕方にも影響を及ぼす。

　2000年度から始まった介護保険制度は、これまで数回にわたり制度改正や報介護報酬改定が行われ、その関連する諸施策も多くの変化が行われてきた。諸施策の変化は、施設経営に大きな影響を与えることとなったが、10年あまりが経った現在、法人や施設によって経営成果には大きな差が生れている。収支差額というコスト・パフォーマンスのみならず、サービスや職員の質という側面においても「経営力」の大きな差が見られる。このような経営力の差は、施設の規模や立地等の違いによっても生じうるが、介護保険制度の施策変化にどう向き合ってきたかによっても大きく異なる。例えば、介護保険制度の導入前からの非効率的な勤務体制や、年功序列に基づく人事管理制度など、かつての運営管理システムを変えずに経営管理を行うことにより、労働効率性が低かったり、新たなサービス提供システムの導入や介護報酬加算の活用ができないなど、介護保険制度の変化に適切に対応できているか否かによって経営の効率性に差が生じている。

　本研究では、介護保険制度の導入及び、その後の施策の変化に対して、介護老人福祉施設が各々の施策に組織管理や組織改編等を行いながら、施設経営の持続性を図ろうとする行為とその状態を「制度適応（institutional adaptation）」と定義する。なお、この時に制度は健全な運用が前提である。正常に管理されている制度環境であれば、組織が経営努力を通して適応すること

よって競争原理が活かされる。しかし、そうでなく、可変的かつ不安定な制度環境においては、将来の経営不安などにより新たな投資や努力をしないで、守りの経営戦略をとるなど、制度に適応するために歪んだ形の経営努力をする恐れがあるからである。

**文献**

Chen,M.(1995)『Asian Management System, Chinese, Japanese, Korean Styles of Business』London, NewYork：Rutledge.

Lawrence, P.R. and J.W. Lorsch(1967)『Organization and Environment：Managing Differentiation and Integration』Boston：Harvard Business School, Division of Research.(吉田博訳, 1997.『組織の条件適応理論』産業能率短期大学出版部).

P.F. Drucker(1990)『Managing the Nonprofit Organization：Practices and Principles』New York：Harper Collins.(＝上田惇生(2007)『非営利組織の経営』ダイヤモンド社).

児玉敏一(2005)「低成長・少子高齢化時代における非営利組織の環境適応戦略」『札幌学院商経論集』22(1)：1-30.

千葉正展(2006)『福祉経営論』ヘルス・システム研究所.

大月博司・高橋正奏・山口善昭(1997)『経営学──理論と体系』同文館.

田尾雅夫・久保真人(1996)『バーンアウトの理論と実際──心理学的アプローチ』誠信書房.

福祉経営研究会編(2000)『介護保険時代の福祉経営を考える』中央法規出版.

# 第1部
# 経営環境と介護保険制度の関連施策の変化

# 第 1 章　介護老人福祉施設の経営環境の変化

　戦後、社会福祉事業法によって創設された社会福祉法人は、社会福祉の発展において中核的な役割を果たしてきた。国の福祉サービス提供の責任の代理者として、さらには地域社会の先進的なソーシャルワークの実践者として、その存在意義を果たしてきたのである。かつて、社会福祉法人のサービス提供の多くは、措置委託によるものであり、介護保険のような契約制度が主流化するまで、長年にわたり、守られた市場環境のなかで事業を運営してきた。
　しかし、社会福祉基礎構造改革により、福祉サービスの提供システムが大きく変わり、利用者主権に基づく契約制度の拡大、福祉サービスの提供における参入規制の緩和、さらには競争条件の整備のための施策の実施等、社会福祉法人を取り巻く経営環境に大きな変革が行われる。
　従来、社会福祉事業や施設を「経営する」という考え方は、金儲けのイメージが強く、福祉領域にはなじまない概念であると認識されてきたが、基礎構造改革を経て、今ではソーシャルワークにおける重要な実践方法の一つとして位置付けられるようになった。
　本章では、社会福祉法人や介護老人福祉施設を取り巻く経営環境の変化を整理した上で、社会福祉法人の存在意義と課題、そして介護老人福祉施設の経営における実態と課題について検討する。

## 第 1 節　社会福祉法人の存在意義の揺らぎ

### 1. 社会福祉法人の創設と発展

　社会福祉法人は、1951 年に制定された社会福祉事業法（現、社会福祉法）により創設された、「社会福祉事業を行うこと」を目的として創設された特

別法人である。社会福祉事業とは、社会福祉法第2条に定める「第一種社会福祉事業」及び「第二種社会福祉事業」[1]を指し、本来事業を妨げない範囲で公益事業や収益事業等を行うことが可能である。

社会福祉法人制度の創設の背景については、一般的に、1950年10月の社会福祉保障制度審議会の「社会保障制度に関する勧告」を受けて、憲法89条の「公の支配」に属さない民間社会福祉事業に対する公金支出禁止規定を回避するために、社会福祉事業法により「公の支配」に属さない法人として創設されたと理解されている。

第二次世界大戦終了後、連合国軍最高司令官総司令部（以下、GHQ）は、非軍事化と民主化を軸に、政府に対して指導・指令を通じ、日本の占領政策を進めていた。GHQは1946年2月27日、「公的扶助（Public Assistance）」（SCAPIN775）を出し、①保護の無差別平等、②保護の国家責任の明確化、③最低生活の保障の原則という3原則を示し（百瀬1997：71）、これに基づき公的扶助と社会福祉制度の再構築が始まる事となる。3原則のうち、保護の国家責任の明確化は、「日本政府はこの制度の財政的援助ならびに実施の責任態勢を確立し、この責任を民間や準政府機関に移譲してはならないこととしたが、これは日本政府が軍人援護会等を統合した民間団体にさせようとしていることを明文で禁止したもの」（百瀬1997：73）であり、社会福祉事業に対する公私分離を明確にしたものである。1946年10月には「政府の私設福祉事業団体に関する補助の件についての覚書」が出され、民間福祉への公的助成が禁止され、民間社会事業団体の経営難は一層厳しくなった（北場2000：128）。

さらに、民間社会事業団体への公費支出は、憲法にも規定されることになる。憲法89条は、「公金その他の公の財産は、宗教上の組織若しくは団体の使用、便益若しくは維持のため、または公の支配に属さない慈善、教育若しくは博愛の事業に対し、これを支出し、又はその利用に供してはならない」とされている。すなわち、「公の支配」に属さない民間団体には公金及び公の財産の支出を禁ずるということである。

このような民間社会事業団体への公費支出の禁止の措置に対処するため、

1950年社会保障制度審議会は「社会保障制度に関する勧告」を出した。そこで民生安定所の設置とともに、「社会福祉事業の純粋性と公共性を確立するために特別に設けられた公益法人」が必要だと指摘し、その後制定される社会福祉事業法のなかに公益法人としての社会福祉法人を制度化したのである。「公の支配」に属さない団体に対する支出を合理化するために、行政の処分として行う措置を民間社会福祉団体に委託する措置委託制度と公的補助を受ける資格を備えた「公の支配に属する」法人を創設したのである。

このように、社会福祉事業法の制定によって社会福祉法人制度が創設され、委託費という形で従来の私設の社会福祉事業に対し支出することができるとし、GHQや憲法の制約を乗り越えたのである（百瀬1997：100）。

その後、児童福祉法、身体障害者福祉法、新生活保護法、精神薄弱者福祉法、老人福祉法、母子福祉法の福祉六法体制が確立され、戦後社会福祉事業体制が整備されていったが、各法律に基づく様々なサービスの提供に社会福祉法人はほぼ独占的な供給者として深く関わることとなる。社会福祉法人は措置委託費を主な財源としながら、以後2000年の社会福祉法改正まで、その体制を大きく崩すことなく、社会福祉事業の主たる供給主体として位置づけられてきたのである。

## 2. 社会福祉法人の公益性・非営利性

社会福祉法人は、創設当初からの基本的な性格として、「公益性」と「非営利性」を有する。社会福祉事業法制定前の社会福祉法人は、民法（旧民法34条）に基づく公益法人であり、その要件として、①公益に関する事業を行うこと（公益性）、②営利を目的としないこと（非営利性）、③主務官庁の許可を得ることが定められていた。そして、公益性とは不特定多数の利益を、非営利性は事業から生ずる利益を構成員に帰属させないことを意味すると解されていた（旧民法34条；社会福祉法人の在り方等に関する検討会2013）。

この基本的な性格は、社会福祉事業法を経て現在の社会福祉法においても、変わることなく引き継がれている。「公益性」については、同法第22条に「社会福祉法人とは、社会福祉事業を行うことを目的として……」（社会福祉

法第 22 条）とあり、社会福祉事業≒不特定多数の利益のための活動と解釈することができる。また、「非営利性」については、同法第 47 条の残余財産の帰属に関する規定のなかで、「解散した社会福祉法人の残余財産は・(中略)・所轄庁に対する清算結了の届出の時において、定款の定めるところにより、その帰属すべき者に帰属する。前項の規定により処分されない財産は、国庫に帰属する。」（社会福祉法第 47 条）とあり、残余財産は原則として国に帰属することとなっており、事業収益はもちろん、法人設立者の持ち分も認められていない。

このように、社会福祉法人は公益性と非営利性という強力な信頼性を担保とし、第一種・第二種社会福祉事業をはじめとする社会福祉関連事業の最も適した供給主体と位置付けられ、措置費という安定財源を資金源としながら、戦後約 50 年近く安定した経営を展開することができた。さらに、社会福祉法人は、法人税、市町村民税、都道府県民税、事業税などが原則的に非課税となっており、税制面においても優遇を受けている。他にも、施設整備に対する補助や、社会福祉法人の経営する社会福祉施設の職員等を対象とした退職手当共済制度などの優遇策が講じられている。

しかし、その代わりに、事業を廃止した場合の残余財産の国庫帰属や、資産保有及び組織運営のあり方に一定の要件があること、所轄庁による監督・監査指導を受けること等の規制措置がとられることになる。

## 3. 社会福祉法人の存在意義の危機

上述のように、社会福祉法人は公益性と非営利性を有する組織として、厳格な基準により選ばれ、行政による「補助と規制の原理」によって「公の支配」のメリットとデメリットが共存する形で、法人側と行政側のお互いのミッションを果たしてきた。つまり、社会福祉法人制度と措置委託制度によって、行政は社会福祉サービスの責任者でありながら社会福祉法人という役割代行者を得ることができ、社会福祉法人は確たる経営資金源を確保し安定的に社会福祉事業を行うことが出来たのである。これは、戦後長年にわたり比較的に豊かな国家財政が続く中で、社会福祉事業の分野で競争や経営という

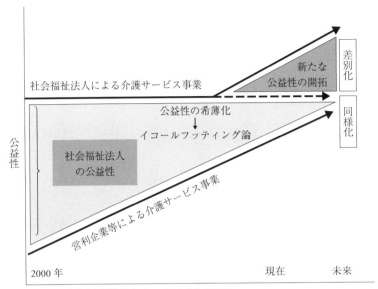

出典：大阪府社会福祉協議会（2010）から加筆修正

**図1-1　社会福祉法人の存在意義と公益性の変化**

考え方が育たなくなった原因とも言える。

　しかし、社会福祉基礎構造改革を経て、社会福祉法人と行政との二者の間に、多様な供給主体が入ってくるようになる。第二種社会福祉事業を中心に社会福祉法人以外の組織にも福祉サービスの提供が解禁されるようになったのである。それは、表面的には多様な供給主体の競争によるサービスの質の向上という目的があるが、本質的には福祉サービスの民営化による財源支出の抑制という狙いがあることも否めない。

　介護保険事業においては供給主体の多様化が著しく、特に在宅介護における営利企業の進出が急速に進み、現在、在宅介護に関しては営利企業のシェアが社会福祉法人を上回っている。介護保険制度の実施前、そのほとんどが社会福祉法人によって提供されていた介護サービスは、社会福祉法人の公益性を表す事業でもあった。利用方式においても行政の措置による利用ということもあり公共性が高い事業として認識され、かつての介護サービスは社会福祉法人が行う公益性の高い事業の一つであった。

しかし、図1-1のように、介護保険制度の開始と同時に、営利企業の参入が急速に増え、社会福祉法人の公益性を侵食する形となってきている。近年は、社会福祉法人の公益性のシェアが徐々に減っていくなかで、社会福祉法人への優遇制度を撤廃し競争条件を整えるべきとのイコールフッティング論が提起されたり、営利企業との同様化の問題が指摘されるなど、社会福祉法人の「理由ある特権」の根拠が弱くなり、その存在意義が揺らいでいる。

　この様な状況のなかで、一部の意識ある社会福祉法人では新たな公益性の開拓を目指して社会貢献活動を取り組みはじめ、その輪が広がりつつある。

　その代表的なものとして、大阪府社会福祉協議会と同老人部会によって平成16年から実施されている社会貢献事業、「生活困窮者レスキュー事業」がある。この事業は、大阪府内の約400か所の老人福祉施設が協力し、社会貢献基金を設置し、各施設に配置されているコミュニティソーシャルワーカーによる相談支援活動を行っている。主な支援対象は、生活に困窮しているにも関わらず制度的な支援を求めない・求められない、いわば「制度の狭間」にある者である。地域を基盤としたソーシャルワークを行う専門職が配置され、生活困窮者の発見や依頼により生活相談を行い、必要によっては上限10万円の範囲で現物給付を行えるのが特徴である。従来のソーシャルワークでは対応しきれない緊急性の高いケースや複雑なニーズをもつ者への支援など、これまでにない新しい地域のセーフティネットとして重要な役割を果たしている[2]。

　大阪府社協の社会貢献事業の理念には、活動の意味について、次のように述べられている。「社会福祉法人への公的助成、優遇措置は制度固有のものではなく、あくまでも公益活動に対する措置であることから、公益性のある仕事を自ら開拓して展開させるところに社会福祉法人の使命があると言わねばならない。今、改めの、制度創設の理念に立ち返る、社会福祉法人として、老人福祉施設が社会的に評価されるために開拓的な公益活動に取り組むものである。」（大阪府社会福祉協議会（2010：8）。

　社会福祉法人の存在意義の危機は、介護保険制度の施行と同時に始まり、今では、事業収益を法人内に過度にため込むことを指摘する内部留保の問題

などとも絡み、社会福祉法人批判諭にまで拡大している。今こそ、社会福祉法人は存在意義を自ら証明しなければならず、法人が持っている資源を地域化するとともに、地域社会の様々な生活ニーズに基づいた新たなサービスを開発・提供していかなければならい。それは、社会からの要請によるものでもなければ、行政の求めによるものでもない、積極的な経営戦略としての取り組みなのである。営利企業ではできない社会福祉法人ならではの社会福祉事業の領域を広げていくことこそ、これからの社会福祉法人の存在意義であり、生き残る戦略であると言える。

## 第2節　介護老人福祉施設の経営環境の変化

### 1. 社会福祉事業における経営概念の導入

　社会福祉分野で「経営」という用語が主流になってきたのは、社会福祉基礎構造改革が行われた2000年前後である。介護保険制度で代表される、福祉サービス提供システムにおける措置制度から契約制度への変革は、社会福祉法人の事業運営にも大きな影響を与え、それまでの「運営」ではなく、新たな「経営」の時代を迎えさせたのである。

　国や自治体からの措置委託費や補助金を主な運営資金としていた、いわゆる措置の時代には、「福祉に経営はなかった」（千葉2006：11）、「社会福祉施設に経営管理という考え方は不要だった」（武居2011：19）と言われているが、以下ではその論拠について整理したい。

　まず、経営の定義の側面から考えてみよう。経営については様々な定義があるが、わかりやすい千葉正展の定義を借りると、経営とは、「①『組織の目的』を達成するために、②その組織の有する『経営資源』の投入の仕方に関する、③『意思決定』を行うこと」である（千葉2006：11）。措置制度下の運営の時代においても、社会福祉施設は社会福祉事業の実施や福祉サービスの提供といった組織の目的を達成するための活動を行っていたし、経営資源としての資金、人材、施設・設備等を用いてそれらの目的達成のための活動を行っていた。しかし、③の経営資源の投入の仕方に関する「意思決定」

においては、措置制度の時代と経営の時代とで大きな違いが見られる。つまり、措置委託を主とした施設運営は、措置費の特徴とも言える資金支出に使途制限（支出対象経費の区分）が設けられたり、繰越金の積立が制限されるなど、厳しい公の管理下に置かれていたため、施設や法人管理責任者の「経営資源の投入の仕方に関する意思決定」が制度的に妨げられていた。さらに言えば、単年度ベースで人件費、事業費、事務費などに区分けされた予算額は、全額支出することが翌年以降の予算の安定的な獲得につながると言ったことから、「予算額を使い切ること」＝「良い運営」という受動的な考え方が定着したのである。

　次に、経営環境との関係について考えてみよう。経営管理は、組織内部の経営資源の配分・調整・方向づけだけでなく、外部環境との相互作用のなかで行われるものであり、常に環境の変化に適応するための努力が求められる。外部環境には様々な側面があるが、ここでは競合環境（＝競合他社との関係）と利用者環境について焦点を当てることとする。まず、競合環境についてであるが、社会福祉法人は社会福祉事業を行うことを目的とした特別法人であることから、長年にわたり社会福祉事業の主たる供給主体として位置付けられてきた。したがって、その他の非営利法人や営利法人が参入し始める1990年代まではほぼ独占市場とも言える安定的な市場環境の中で「守られた経営」を享受してきたと言える。それは、社会福祉法人の公共性や非営利性という特質に基づく特権であったが、そのような参入規制によって守られてきた環境のなかでは、「競争」や「戦略」といった生き残るための工夫の必要性、つまり自己努力の切迫性が低いのである。ほどよい競争はより良いサービスを生み出す原動力であり、その過程から生まれる独自の戦略は経営の持続性を担保する組織能力（organizational capabilities）につながることを考えると、社会福祉法人の措置制度下における「守られた経営」は、むしろ自律経営を妨げ、経営環境の変化に弱い体質を育てることになり、介護保険制度開始以降に見られる「守りの経営」を招いた原因とも言える。

　次に、利用者環境についてである。従来の福祉サービスは、需要を基盤とした事業、言い換えると、特定の福祉ニーズを持つ利用者層が出現してから

その対策としてのサービスの提供という事後対応的な側面が強かったため、顧客（利用者）の確保は、措置委託者という有能な「営業担当者」の役割であった。サービスの利用が顧客の選択によるものではなく、措置権者に委ねられていたからである。したがって、顧客の自動的な補充をベースにした市場環境のなかで、競争や戦略という発想よりは、規定された一定以上のサービスを提供すれば良いと言う考え方がむしろ自然であったであろう。これも、経営管理が不要であった理由の一つである。

　このように、措置制度下における社会福祉法人の運営は、国によって意図的に確保された安定的な市場環境のなかで行われ、競争や戦略の考え方が不要であったこと、さらに、措置費という安定資金を理由に経営資源の効率的な投入や自己努力への動機が弱かったのである。以下では、福祉領域に経営概念を浸透させた詳細な事柄について検討したい。

## 2．経営努力の喚起と規制緩和

　社会福祉基礎構造改革における福祉サービスの供給システムの変革は、社会福祉法人の経営努力を前提とするものであった。そのため、政策的にも各々の社会福祉法人が自己努力に基づく自立した経営を促すための様々な施策が講じられることになる。ここでは経営資源のなかでも財政、人材、施設・設備に焦点を当て、それらに関連する施策として、会計基準、職員配置基準、施設整備費にかかる規制緩和が社会福祉法人の経営努力の喚起に与えた影響について検討を行った。

### 1）新たな社会福祉法人会計基準の導入

　措置制度の時代における社会福祉法人の会計は、資金の流入と流出を単年度ベースの事業予算との対比において把握し、措置費の受託責任を明らかにすることを目的としていた。しかし、2000年の介護保険制度の導入や社会福祉の共通基盤制度全体の改革への取り組みを受け、社会福祉法人の自主的な経営基盤の強化を図るとともに、事業経営の透明性を確保するために、企業会計基準に準じた新たな会計基準が制定された[3]。

新しい会計基準では、減価償却制度等を含む損益計算が導入されたほか、原則的に法人全体をひとつの会計単位として、法人本部及び各々の社会福祉事業ごとに経理区分を設定し会計管理を行えることとなり（社会福祉法人経営研究会 2006：74）、適正な経営効率の測定が可能になった（千葉 2006：107）。また、介護老人福祉施設等の介護保険に係る事業については、原則として措置制度は廃止され、その運営管理に関しても委託費から介護報酬へと変わり、資金の運用に大幅な自由が与えられるようになった。

　従来の措置制度における措置費は、援護を要する者の保護のために必要な一切の経費を含むものであり、その措置を委託により実施する場合は、その委託主旨を貫徹させる観点から、措置費を積算した経営項目間の流用は原則として認められてこなかった（千葉 2006：42）。つまり、委託費は職員の人件費、利用者の生活費（事業費）、事務費のランニングコストがそれぞれ定められ、費用間の流用が認められず、当然イニシャルコストや法人全体の運用に係るコストに措置費を当てることもできなかった。さらに、利用者の生活費は 100％執行が原則であり、給与はその地域の地方公務員の給与に準ずると定められていたため、利用者の生活費を抑制したり、職員給与を抑えたりして剰余金をため込んだりすることが禁じられていた（永和 2008：136）.

　一方、介護保険制度下では、施設サービス等を利用者に提供した対価である介護報酬が主な運営財源となり、従来のような使途制限が課されなくなった。このため、施設運営の創意工夫によって、効率的・合理的な経費管理を行うことができるようになり、施設経営の余地が大きくなったのである（千葉 2006：56）。しかし、これは介護保険制度の実施以降、一部の社会福祉法人に見られる「社会福祉法人の企業化」あるいは「営利企業との同様化」を促すきっかけでもあり、倫理経営の重要性がますます重要になってきている。

2）職員配置基準の緩和

　介護サービスの介護保険制度への移行は、資金面での規制緩和のみでなく、介護労働の面においても大きな変化をもたらした。措置制度下では、事業の職員配置基準として専任職員や常勤職員の配置基準が定められており、例え

ば、「特養の場合は介護職員の8割以上は常勤職員でなければならないと定められていた」(永和2008：135)。このような職員配置に関する規制は、労働環境を守りサービスの質を担保するための装置でもあった。

しかし介護保険制度の施行に伴い、経営努力をより活性化させるためのものとして、新たな職員配置の基準として「常勤換算」方式が導入された。常勤換算とは、例えば「常勤職員の一日の勤務時間が8時間とすれば、パート職員数名で計8時間となっていれば常勤一名と見なすというものである」(永和2008：135)。これにより、職員配置に関する経営の工夫として、職員の非常勤化・パートタイム化が進むことになる。介護は労働集約型サービスであるため、支出総額に占める人件費率が高く、経営努力の方法として最も取り組みやすい費目でもある。しかし、過度な人件費の削減による職員体制の空洞化は、サービスの質の低下につながる恐れがあるため、適正水準を限度とし慎重に行わなければならない。

### 3) 施設整備等の補助金の削減

従来、社会福祉法人は施設整備費を国・都道府県による公的補助4分の3、残る4分の1を自己負担で賄ってきた。しかし、2005年度から高齢者関連施設や一部の障害者関連施設、児童関連施設に対する補助金が交付金化され、従来の個別施設に対する助成から、市町村・都道府県の策定した整備計画全体に対して国が交付金を出す仕組みに変更された。同時に固定の補助率の概念がなくなり、各自治体は交付金総額の範囲内で弾力的な運用が可能となった（社会福祉法人経営研究会2006：93；村田2011：19)。また、交付額を含めた施設整備費に対する国庫補助予算額も年々減少傾向にあり、社会福祉施設の経営におけるイニシャルコストの自己調達の時代が到来したと言える。

補助金の減少による資金の不足分については、福祉医療機構や民間金融機関からの借入金で充当することとなるため、借入金の適切な返済計画の策定、さらには将来の再整備や新事業の展開のめの蓄えとして減価償却費及びその他の余裕資金を長期的かつ計画的に管理することも、施設経営の欠かせない要素と位置付けられるようになった。

## 3. サービス供給主体の多様化

　社会福祉法人は、戦後長年にわたり主たる福祉サービスの提供者として確たる地位を得ていた。しかし、介護保険制度の導入に伴い、在宅介護サービスを中心に社会福祉法人以外の組織にも参入の道が開かれ、生協法人やNPO法人等の非営利組織のみでなく、株式会社等の営利企業も指定事業者になることが可能となった。

　福祉サービスの供給主体の多様化は、1990年代後半の公的な社会福祉事業の規制緩和に関する様々な激論を経て、社会福祉基礎構造改革として本格的に進められる。社会福祉基礎構造改革の議論のなかでは、利用者本位の視点に立ち、措置制度の代わりに利用者の選択による契約制度の必要性、さらには、競争原理によるサービスの質の向上という視点から社会福祉事業の供給主体の多様化の推進が求められた。それを踏まえた形で、児童福祉分野では1997年の児童福祉法が改正により、高齢者福祉分野においては2000年の介護保険制度の導入により、そして障害者福祉分野では2003年の支援費制度の導入によって、「措置制度から契約制度へ」という利用者主体のサービス利用システムが形成され、供給主体の多様化が進められた。

　このように、供給主体の多様化は制度的な変遷から見ると、社会福祉基礎構造改革として本格的に進められたが、1980年代半ばからこれに通じる議論が行われていた。三浦は、『社会福祉経営論』(1985年) のなかで、(福祉サービスの) 供給組織を、公的福祉供給システムとして、従来の公的機関の直営による「行政型供給組織」と社会福祉法人による「認可型供給組織」と二分化して示した。さらに、これとは区別して、「非公共的福祉組織」の存在を示し、これには「市場型供給組織」と「参加型 (自発型) 供給組織」とがあり得ることを示した (三浦 1985：106, 石倉 2011：118)。それらの説明の中で、在宅福祉サービスは、サービスの必要の一時性・短期性を考慮すると、必ず公的責任で行わなければならないものではなく、また市場的な仕組みにはなじまないため、非公共的・非営利的な供給組織が担うことが望ましいと述べている (三浦 1985, 石倉 2011：119)[4]。これは、効率性や効果性の視点を鑑み、社会サービスの提供責任を公的組織のみに求めるのではなく、

公的責任の補足者として営利企業やNPO等の多様な組織の活用可能性について提起したものである。この提言は、後の社会福祉の内部への企業参入や、供給主体の多様化に道を開くことにつながる提起であったと言える（石倉 2011：119）。

その後、基礎構造改革を進めるなかで福祉市場における供給主体の多様化が本格的に議論され、非営利組織のみならず、営利企業の参入推進論が積極的に推し進められる。当時の改革分科会のなかでも、「民間企業は、…（中略）…多様な主体が競争し、悪いものが淘汰されていくことによって、サービスの質はよくなり、逆に継続性、安定性の高いサービスが提供できると考えるべきである」（厚生省社会・援護局企画課1998）と述べ、営利企業の参入のメリットを強調している。つまり、営利企業の参入は、複数の組織による競争原理を作動させサービスの質の向上につながるとの論理である。

これらの議論を経て、2000年の社会福祉法改正と介護保険制度の実施を機に、第二種社会福祉事業及び介護保険事業の分野に、医療法人、生活協同組合、NPO法人、営利法人などの新しい供給主体が参入することとなった。なかでも営利企業は、在宅介護サービスにおけるシェアを急速に広げつつある。介護サービス施設・事業者調査（厚生労働省2011）によれば、訪問介護における営利法人のシェア（事業所数）は2000年の30％から2011年は58％に膨れ上がり約2倍に増えた。また通所介護については、2000年は5％だったのが、2011年には45％で約10倍の成長を成し遂げている。一方、社会福祉法人は、訪問介護では43％から16％に、通所介護では66％から31％に激減し、在宅介護サービスにおける供給主体の軸が社会福祉法人から営利企業へとシフトしていると言っても過言ではない。

一方、介護保険施設等については、現在でも原則として営利企業の参入が認められておらず、社会福祉法人の独占状態が続いている。ここで、"原則として"との表現がつくのは、営利企業であっても特養などを経営することができる方法があり、参入の可能性が完全に閉ざされているわけではないからである。例えば、2002年「構造改革特別区域法」により、「構造改革特別区」では公設民営の特養を民間企業に運営委託することが認められた。また、

2003 年からは地方自治体法の一部改正により、公の施設の経営を包括的に代行させることができる「指定管理者制度」が発足され、事実上株式会社をはじめ営利企業、財団、NPO 法人等に管理運営を委託することが可能となった（武居 2011：12）。しかし、現状としては、これまでの実績や信頼性の視点から介護保険施設等の社会福祉法人以外への委託はほとんど進んでおらず、営利企業側からは参入規制の撤廃を求める声が引き続き提起されている。

### 4. イコールフッティングの要求
#### 1）イコールフッティングの意味

イコールフッティング（equal footing）とは、社会福祉法人と営利企業・NPO 法人など他の民間事業者との競争条件の均一化を意味し、介護サービス提供主体の多様化の議論のなかで出てきたものである。具体的には、社会福祉法人以外の立場から見れば、ある種の特権とも言える、「参入規制」や「優遇制度」に関する見直しを求めるものである。

一方、「優遇制度」については、均一化の方向性を基準に、①社会福祉法人に与えられている優遇措置等を営利企業にも適用することを求めるもの（＝上昇的イコールフッティング）と、②社会福祉法人に与えられている優遇措置等を廃止することを求めるもの（＝下降的イコールフッティング）とで、二分化することができる。①の考え方については、介護保険制度の導入前に行われた基礎構造改革の議論の中で散見される。例えば、介護保険制度の実施前の 1998 年 11 月に行われた構造改革分科会においては、営利企業を積極的に引き入れるための方策として、参入規制の撤廃と共に、営利企業に対しても社会福祉法人と同様の公費助成を要求する旨の提案が見られる。具体的には、「措置制度下の社会福祉法人には、公費の助成があったが故に事業の継続性、安定性が保障されたのであって、公費の助成がつくようになれば、民間企業においても格段の継続性、安定性が高まる」（中央社会福祉審議会社会福祉構造改革分科会 1998）との主張である。しかし、福祉関連支出制限策の展開と絡み、その後のイコールフッティングの議論のほとんどは、②のような、社会福祉法人に対する税制や補助金の優遇制度に関して廃止や

見直しを求めるものとして展開されることとなる。

　こうした議論が発生した背景には、社会福祉法人と営利法人等が同じ福祉サービス事業者でありながら異なった制度設計によって運営されていることにある（狭間 2008：74）。前者は利用者の不利益を防ぐためにサービス提供からの安易な撤退を防ぐ「公益性」の維持のために、「強い規制ながら強い財政措置（強い補助金・税制優遇措置）」の下に運営されるが、後者は「弱い規制ながら、弱い財政措置」で運営されており、こうした制度設計の根拠と正当性は社会福祉法人が強い公益性を持つ組織であるという理屈に基づいている（狭間 2008：74-5）。

　イコールフッティングの要求は、介護保険制度の開始と同時に、経済同友会などの営利企業側からの要請のみでなく、規制改革・民間開放推進会議や社会福祉審議会等の政策運営者側からも「営利企業等を積極的な市場に引き入れるため」に必要とされ、参入規制の緩和及び補助金等の削減など一連の施策が講じられた。具体的な施策として、社会福祉法人が経営する社会福祉施設の職員等を対象にする退職手当共済制度の掛け金の公費補助が介護保険事業者には行われなくなった。2006年から介護保険制度の対象となる高齢者施設や事業における退職手当共済制度の掛け金がなくなり、新規職員の制度加入を控える法人が増えるなど、介護労働の環境を一層厳しくする結果となった。また、前述したように、施設整備費の交付金化が進められ、戦後長年にわたり当たり前のように考えられていた施設整備への公費補助が大幅に縮小され、将来のための施設整備費の確保が施設経営の大きな課題となった。

　このほかにも、イコールフッティングの要求は、公正な競争環境の整備という建前と公費支出の抑制という本音がうまくマッチングし、2010年の「新しい公共」円卓会議や2012年の「規制改革会議」、2013年の「日本再興戦略」等で重要な案件として扱われている。なかでも近年行われている社会福祉法人に対する法人税課税の議論は、今後の社会福祉法人の在り方を大きく変える重要な論点であり、社会福祉法人への課税は、イコールフッティングの終着点とも言える。今の段階では、介護保険事業に限った議論に留まっているようだが、今後、保育や障害者福祉分野にも同様の論理で課税が実現

されると、近年、社会福祉法人による社会貢献を求める議論も意味を失い、それこそ、社会福祉法人の営利企業との同様化を制度的に推し進めることになる。

  2) 社会福祉法人と営利企業の論争
  それでは、イコールフッティングに対する営利企業と社会福祉法人の両側の主張について整理してみよう。
  まず、営利企業側の主張として、経済同友会の少子化対策の実施に関する提言（2010年6月）を見てみよう。本文では、「介護保険施設を自治体、社会福祉法人、医療法人以外の主体にも開設できるようにし、株式会社等、多様な経営主体の参入を促すべきである。その際、特別養護老人ホーム等を開設する社会福祉法人に対し行われている公的助成や税制面での優遇措置をなくし、他の経営主体と競争条件を同一にする必要がある」（経済同友会 2010＝石倉 2011：131）と主張する。このように営利企業側のイコールフッティングの要求は、介護保険制度以降も営利法人には参入が認められていない第一種社会福祉事業の参入規制の撤廃と、社会福祉法人の特権として受けている税制優遇や補助金等の一連の優遇制度を撤廃することを求めている。それが実現して初めて供給主体の多様化が促され、競争原理が正常に働くとの考え方なのである。
  それに対し、社会福祉法人側からも反論が展開されている。社会福祉法人経営研究会は、「事業内容が同一であれば規制・監督措置および給付内容は同一となっており、実施主体によって差はなく、問題は税制・補助金等の優遇措置が実施主体によって異なることが正当か否かである」（社会福祉法人経営研究会 2006：60）と述べている。そして、現行の施設整備補助金と税制優遇措置の根拠として、憲法第89条の「公の支配」を挙げ、「行政の強い監督と表裏一体をなすものであるために社会福祉法人に対象を限ることは正当化される」としている。また、社会福祉法人は、営利企業では行うことが難しい公益性を有する社会福祉事業の適切な実施が担保できるとし、その理由として、①支払い能力が低い者を排除しない、②労力・コストのかかる対

象者を排除しない、③制度外のニーズに対応することを挙げている（社会福祉法人経営研究会 2006：60-2）。社会福祉法人は行政の厳しい管理下における経営活動であること、そして、営利企業のような利潤追求型の経営ではなく、社会的弱者等への積極的な関わりを使命とするなど、公益性・公共性の高さを根拠に優遇策は妥当であると主張している。

このように、介護保険制度以降も原則として第一種社会福祉事業については営利法人の参入が認められないこと、社会福祉法人に与えられている補助金や税制優遇措置が存在することへの批判が営利法人から提起され、それに対抗する形で社会福祉法人からは、公の管理下における経営の特徴と公益性・公共性を主張し対立している（狭間 2008：74）。

### 3）利用者本位と上昇的イコールフッティング

一方、以上のような経営主体の違いによって公共性や公益性が語られるべきではないとの主張も見られる。

まず、八代は、営利・非営利の差は、企業と社会福祉法人等の経営形態の違いで判断されており、公益性は経営主体の違いではなく、事業の具体的な内容で判断すべきであること、ゆえに企業でも公益追求は可能であると指摘している（八代 2010）。彼によれば、日本の公共サービスは公的部門や社会福祉法人の優遇措置による独占市場であり、当初から非競争的市場を前提に「営利を追求しない」事業者に限定することで公共性を担保する論理に基づいているという。これを多様な経営主体に開放し、共通の行為規制で管理することで、事業者間の競争による質の向上が図られるとしている（八代 2010）。

さらに、山田は、利用者の多様な介護ニーズを充足するサービスの継続的かつ安定的な提供が可能であれば、提供主体は営利・非営利を問わないとしている（山田 2011：144）。つまり、「利用者の意思に基づくサービスの選択」と、「多様な介護ニーズの充足」が可能で、かつ経営主体がそれらのサービスを「継続的かつ安定的」に提供することが出来るのであれば、法人格によって経営主体を制限する必要はないとの主張である。なお、継続的かつ安定

的な提供を担保するためには、「事業者の不正防止の法整備と介護報酬の適正な設定による提供主体の経営基盤の安定および育成」（山田 2011：144）など、制度的な装置が求められると述べている。

　両者は共通して、経営主体の制限は法人格による公益性・公共性の判断ではなく、事業の内容が判断基準になるべきであることを指摘し、さらに事業者に対する規制や法整備等によって競争原理のメリットを活かすことができるとしている。しかし、ここで考えなければならないのは、規制やルールによってサービスの「継続的かつ安定的な提供」が確実に担保できるかという点である。競争原理の導入のメリットは、各々の供給主体がサービスの質の向上を経営戦略とし、質の高いサービスの提供による顧客の確保と言う理想的な前提を持って議論されているが、必ずしも、そう楽観的なものではないことを指摘しなければならない。営利企業は、言葉通りに営利を経営の目的としており、利益が期待できないところには参入せず、場合によっては利益の低下により撤退を経営戦略とすることもあり得る。既に営利企業が6割以上のシェアを占めている在宅介護サービスの状況を見ると、このような現状を容易に把握することができる。需要が多い大都市部へのサービス展開が増える一方、過疎地等におけるサービスの不足はますます深刻さを増しているのである。このような状況を考えると、第一種社会福祉事業においても同様の問題が生じないとは限らない。だとすれば、利用者の尊厳に深く関わるサービスであり、事業の継続性の担保が極めて重要な第一種社会福祉事業をそのような不確実な状態に位置付ける必要はないであろう。競争の原理は、楽観的な見方をすると非常に効率的でサービスの質を確保する道具とみられるが、制度運営の仕方によってはそのデメリットをコントロールできない恐れがあることも留意しなければならない。

　イコールフッティングのもう一つの論点として、税制優遇や補助金の不均等があるが、これについても指摘しておきたい。既に、介護施設職員等の退職共済への補助金がなくなり、社会福祉法人と営利企業との均一化が図られているが、これは経営条件の均一化というよりは、介護労働者の処遇の悪化を促した施策と言った方が正しいのではなかろうか。介護保険制度の開始以

降、介護労働は低賃金・労働条件の悪さ等により魅力のない現場として、人材確保がますます困難となっている。それにも関わらず、それに対する政府の対策は微温的かつ一時的なものに留まっている。退職共済のような労働環境の改善に寄与する制度については、一概に営利企業に合わせる必要はなく、むしろ営利企業にも補助をすることによって「上昇的なイコールフッティング」を講じても良いのではなかろうか。2009 年の介護職員処遇改善交付金のような応急処置としてのバラマキ的な方法ではなく、長期的な視点に立ち、根本的な改善策として退職共済等の介護労働環境の改善に結びづくものについては、上昇的イコールフッティングの施策を期待したい。

## 第 3 節　介護老人福祉施設の経営の実態

### 1．介護老人福祉施設の状況

介護老人福祉施設は、1963 年に制定された老人福祉法によって制度化された特別養護老人ホーム（以下、特養と表記）の介護保険法における名称である。その定義を見ると、「65 歳以上の者であって、身体上又は精神上著しい障害があるために常時の介護を必要とし、かつ、居宅においてこれを受けることが困難なものを入所させ、養護することを目的とする施設」（老人福祉法第 20 条の 5）となっており、在宅での介護が困難な要介護高齢者に対し入所サービスを行う施設として位置付けられている。2013 年 10 月現在、6,754 施設で 475,695 人（1 施設当たり定員 72.2 人）が利用している（厚生労働省 2013）。介護老人福祉施設の施設数の推移、開設主体と定員数、利用状況は、以下の通りである。

#### 1）施設数の推移

介護老人福祉施設は、**図 1-2** のように、1985 年には 1,619 か所（119,858 人分）だったのが、ゴールドプラン（1989 年）や新ゴールドプラン（1995 年）の策定及び実施により、1980 年代から 1990 年代にかけて急激に増加している。さらに 2000 年の介護保険制度開始以降も少しずつ増加し、2013 年

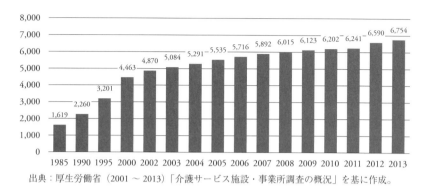

出典:厚生労働省(2001〜2013)「介護サービス施設・事業所調査の概況」を基に作成。

**図 1-2　介護老人福祉施設数の推移**

現在、6,754 施設がサービスを提供している。

### 2) 開設主体と定員数

介護老人福祉施設の設置主体は、原則的に地方公共団体または社会福祉法人であり、在宅サービスとは異なり営利法人の参入が認められていない。その背景には、介護老人福祉施設の事業は、利用者の尊厳に深く関わる第一種社会福祉事業に含まれるため、サービスの継続性と公共性が極めて重要な要素であるという考え方がある。介護保険制度開始により在宅サービスについては供給主体の多様化が進められたが、介護老人福祉施設についてはいまだ例外を除けば、ほとんどを社会福祉法人が経営している状況である。実際に、**表 1-1** のように、社会福祉法人が 92.5％で最も多く、そのほかに、市区町村（4.7％）や都道府県（0.9％）、広域連合・一部事務組合（1.7％）、日本赤十字社・社会保険関係団体（0.1％）などによって一部が経営されている。

介護老人福祉施設の入所定員は、50〜59 人が 33.2％で最も多く、その次が 80〜89 人（19.0％）である。また、50 人未満の小規模の施設は 5.9％、100 人を超える施設も 18.5％ある。施設の定員数は施設の規模を意味することから、定員数によって経営状況に差が生じる。一般的に、規模が大きいほど人件費や事業費などにおける規模の経済が働き、収益率が高い傾向がある。

施設の種類別にみた室定員別室数の構成割合を見ると、2013 年現在、個

第 1 章　介護老人福祉施設の経営環境の変化

表 1-1　介護老人福祉施設の開設主体と定員

(2013 年 10 月現在)

| 開設主体 | 数 | 割合 | 定員数 | 数 | 割合 |
|---|---|---|---|---|---|
| 都道府県 | 60 | 0.90 % | 50 人未満 | 402 | 5.90 % |
| 市区町村 | 317 | 4.70 % | 50〜59 人 | 2,247 | 33.20 % |
| 広域連合・一部事務組合 | 114 | 1.70 % | 60〜69 人 | 533 | 7.90 % |
| 日本赤十字社・社会保険関係団体 | 6 | 0.10 % | 70〜79 人 | 692 | 10.20 % |
| 社会福祉協議会 | 13 | 0.20 % | 80〜89 人 | 1,284 | 19.00 % |
| 社会福祉法人 | 6,247 | 92.50 % | 90〜99 人 | 346 | 5.10 % |
| その他 | — | — | 100 人以上 | 1,250 | 18.50 % |

出典：厚生労働省（2014）を基に作成。

表 1-2　施設の種類別にみた室定員別室数の構成割合

| 室定員 | 構成割合（％） | | |
|---|---|---|---|
| | 2013 年 | | 2003 年 |
| 個室 | 69.3 %（ユニット型 53.5 %、その他 15.8 %） | | 35.50 % |
| 2 人室 | 9.1 %（ユニット型 0.1 %、その他 9.0 %） | | 17.50 % |
| 3 人室 | 0.90 % | | 1.70 % |
| 4 人室 | 20.50 % | | 44.00 % |
| 5 人以上室 | 0.20 % | | 1.60 % |
| ユニットケア実施施設数の割合 | 総数 | ユニット型 | 一部ユニット型 | — |
| | 37.80 % | 26.20 % | 11.60 % | — |

出典：厚生労働省（2004）及び厚生労働省（2014）を基に作成。

室は 69.3 %（ユニット型 53.5 %、その他 15.8 %）で最も多く、その次に 4 人室が 20.5 % である。右側の 2003 年のデータと比較すると、2 人部屋と 4 人部屋の数が半減する一方、個室が倍増していることが分かる。介護保険制度開始以降、個室・ユニット型ケアを基本とする制度運営の方針による結果である。なお、依然として、心身の状態や経済的な理由により多床室を好む利用者が少なからずいること、そして経営者側の施設整備の負担などにより、多床室から個室・ユニット型に完全に移行するには時間がかかると考えられる。

3）利用者の状況

　図 1-3 の施設入所者の要介護度を見ると、2013 年現在、要介護 4 及び 5 が 7 割弱を占めており、平均要介護度は 3.89 である。2001 年に 3.48 であっ

| ■要介護1 | ■要介護2 | ■要介護3 | ■要介護4 | ■要介護5 |

| 3.1 | 8.7 | 20.8 | 33 | 34.3 |

出典:厚生労働省(2014)を基に作成。

**図1-3 利用者の要介護度**

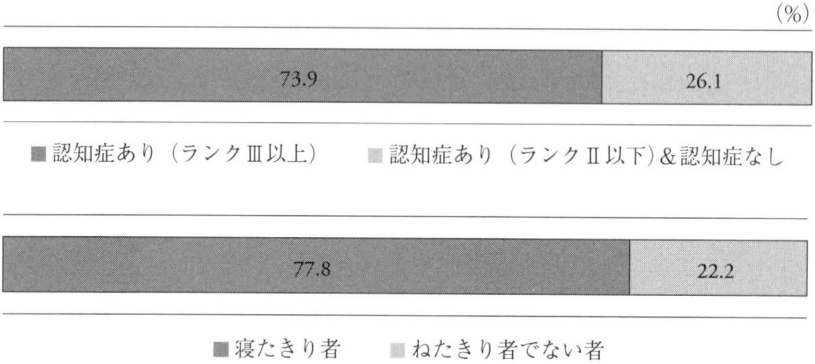

(%)

| 73.9 | 26.1 |

■認知症あり(ランクⅢ以上)　■認知症あり(ランクⅡ以下)＆認知症なし

| 77.8 | 22.2 |

■寝たきり者　■ねたきり者でない者

出典:厚生労働省(2014)を基に作成。

**図1-4 利用者の認知症・寝たきり有無**

た平均要介護度が年々上昇し、2010年には3.88に達しており、施設入所者の重度化が進んでいることが分かる。一方、要介護1(3.1％)と要介護2(8.7)の利用者も約12％を占めている。介護保険制度の見直しにより、2015年からは原則として要介護3以上のみに利用が限定されることになった。経過措置によって大きな混乱はないと思われるが、今後、利用対象外になる要介護1,2の要介護者の受け皿を地域に整備できるかが重要な課題として残っている。

次に、利用者の認知症や寝たきりの状況を見ると、利用者の73.9％が「認知症ランクⅢ」[5]以上であり、77.8％が寝たきり[6]の状態である。以前に増して、介護人材の量的・質的な確保が重要になってきていることを示唆する。さらには、利用者の重度化に伴う医療ニーズへの対応も大きな課題となっている。

## 2. 介護老人福祉施設の経営状況

介護保険制度開始以降、介護老人福祉施設の収益率（事業活動収入対経常収支差額比率）は減り続けてきている。図 1-5 のように、介護保険制度が始まった直後の 2002 年の収益率は 14.1％であったものが、年を重ねるにつれ右肩下がりになり、2012 年の収益率は従来型で 5.7％、ユニット型で 7.3％となっている。特に、2002 年から 2008 年までは一度も上がることなく、従来の収益率の半分以下まで低下することが分かる。

また、赤字施設の割合を見ると、2002 年には 3.4％にとどまっていたのが、2006 年と 2007 年には 16～17％以上の施設が赤字経営である。2003 年以降、急速に赤字経営の施設が増えることになったが、それは 2003 年と 2006 年に連続して行われたマイナス 4％の介護報酬改正の影響と考えられる。赤字施設の経営分析データ「平成 21 年度決算分」（独立行政法人福祉医療機構 2010：17）によると、総 2,112 施設のうち、256 施設が赤字経営であり、その収益率は平均 −4.7％である（黒字経営施設は、9.7％）。入所定員で比較すると、黒字施設は 70.9 人、赤字施設は 61.6 人であり、施設規模にとって収

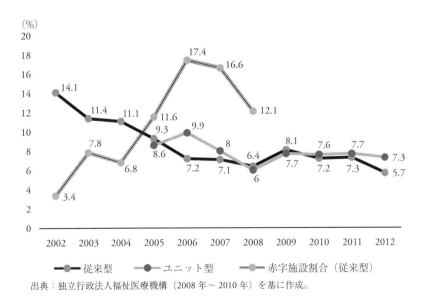

出典：独立行政法人福祉医療機構（2008 年～2010 年）を基に作成。

図 1-5　施設の収益率の推移

益幅に大きな差があることが分かる。一方、人員配置と人件費率を見ると、入所者10人当たり従業者数は、黒字施設が3.98人、赤字施設が4.19人である。さらに、人件費率（全体平均60.2％）もそれぞれ59.4％と66.9％で赤字施設が高くなっている。

以上のデータがすべての施設を対象にした調査結果ではないため、その解釈には注意が必要だが、少なくとも、①収益率の低下傾向と、②赤字施設の存在、③人件費の収益率への影響、④施設間の経営能力の格差について、その実態を確認することができた。

介護保険制度が始まり、現場では十分な準備のないままに施設経営の時代を迎えた。ケアプランの作成や新しい会計基準に準じて仕事をこなすだけでも現場の混乱は大きかったであろう。それに新たな経営手法を取り入れたり、組織体制の見直しをすることまでは手が回らなかったかもしれない。言い換えれば、急激な外部環境の変化の波に身を任せたままの状態であったと言えよう。あるいは、経営という言葉を、資金マネジメントの視点のみで受け入れ、人件費や事業費等の削減に走ってしまったところも少なくないであろう。

このような経営困難はそれ自体が問題というよりは、サービスを利用する利用者やそこで働く職員にしわ寄せがくるということに本質がある。度重なる介護報酬の減額改定の歪は、そこで働く職員や入所者に影響を及ぼすことになる。労働集約的な特徴を持つ介護施設は、介護職員の給与削減や処遇費の削減が最も取り組みやすい経営戦略となる。しかし、介護職員の非常勤化や賃金削減等の自虐的な経営努力は直ちにサービスの質に影響を及ぼしてしまうことに気付かなければならない。

## 3. 報われない経営努力のジレンマ

介護報酬は原則として3年に一度、保険料の改定と合わせて改定される仕組みとなっている。介護保険制度導入時には、暗黙裡に、既存サービス種別の経営状況を大きく変更しないように、また、個々の施設・事業所が不利にならないように報酬額の設定が行われ（小山2000）、それ以降は、通例、報酬改定の前年に行われる介護経営実態調査の結果に基づき、事業の種類ごと

第 1 章　介護老人福祉施設の経営環境の変化

表 1-3　介護報酬改定の動向

| 区　分 | 2003 年 | 2006 年 | 2009 年 | 2012 年 |
|---|---|---|---|---|
| 全体の改定率 | △2.3 % | △2.4 % | ＋3.0 % | ＋1.2 % |
| 在　宅 | ＋0.1 % | △1.0 % | ＋1.7 % | ＋1.0 % |
| 施　設 | △4.0 % | △4.0 % | ＋1.3 % | ＋0.2 % |

出典：介護白書＜2011 年版＞を基に作成。

の収支差の状況を基本的な判断材料として、その上げ下げが決定される（堤 2010：78）。

　介護報酬改定は、これまで 4 回（2003 年、2006 年、2009 年、2012 年）にわたって行われた。表 1-3 のように、第 1 回に続く第 2 回の連続マイナスの報酬改定は、施設経営者に大きな衝撃を与えた。第 3 回の報酬改定は、第 1 期及び第 2 期の連続マイナス改定の後、初めてのプラス改定（在宅分 1.7 ％、施設分 1.3 ％）であるが、介護従事者の処遇改善対策として意味合いが強い。その後の第 4 回目の報酬改定もそれ連続線上にあると言える。

　介護保険制度は事業者に資金管理の自由を与え、施設経営の時代を宣言したが、公定価格によってサービスの報酬が決められ、その他にも様々なルールによって市場が統制されるため、介護保険制度の枠内における経営である。介護報酬の改定は施設経営の戦略にも大きな影響を与え、各施設はその戦略によって収益率の増減が方向づけられる。

　特に、2003 年と 2006 年の連続のマイナス 4 ％の減額改定は、施設経営者に大きな衝撃を与えるものであった。介護保険制度がスタートし、「これからは施設経営の時代だ」と叫ばれ、多くの経営者が収入と支出の管理に力を入れるようになり、経営収益を維持させようとした結果、2003 年度の介護報酬改定では、これまでの経営実態を踏まえマイナス 4 ％という大幅な減額改定が行われた。経営努力がむしろ「儲かりすぎ」との批判の対象となり、介護報酬が減らされる結果となったのである。しかし、この状況は一回限りではない。その後の 2006 年度の報酬改定においても同じ現象が起こり、さらにマイナス 4 ％改定が行われるようになる[7]。これは、経営努力をすることによってむしろ介護報酬額が減らされる「介護のデフレスパイラル」を生

み、施設経営における大きなジレンマを経験させることとなる。

　千葉は、「介護のデフレスパイラル」のメカニズムについて、次のように述べている。「(介護保険制度によって)介護が競争原理に委ねられ、個々の事業者の経営努力を促す。その結果、事業者に余剰が生れる。それを介護報酬の切り下げという形で調整する。事業者はこうした右肩下がりの市場の状況を危惧し、必要以上のコスト節約に走り再び余剰を形成する。そしてその結果の介護報酬の引き下げ……という循環である」(千葉2006：57)。つまり、施設経営者は、介護報酬額の変動を踏まえた経営管理を行い、経営努力の結果は収支差額のプラスとして計上される。しかし、介護保険財政の安定化を求める行政は、こうした施設経営の収支差額の状況について把握し、介護保険分野の中で比較的収支状況が良い分野の介護報酬単価を切り下げるというプロセスを踏む。

　このような「介護のデフレスパイラル」は、経営努力への負のインセンティブとなり、競争の原理が正常に働かなくする。つまり、報われない努力のむなしさと将来の不透明性は、経営者に経営に対する「不安」を与え、サービスや人材への投資的な資金支出を抑えたり、本来の地域社会における福祉活動の機能をも不振に陥らせてしまう恐れがあることを意味する。介護報酬改定の基準やルールの不在による不規則的な報酬改定が、施設の守りの経営を促していると言っても過言ではない。

注
1)　第一種社会福祉事業は、提供される福祉サービスの利用者の人権等に対する影響が特に大きい事業であり、事業の継続性、安定性が強く求められる事業である。そのため、適正な運営をし、人権擁護等の観点から公的責任として、事業経営の適正を確保する必要があることから、強い公的規制が必要とされる。このため、経営主体に制限を設け、原則として国、地方公共団体又は社会福祉法人に限り経営させることとしている。第二種社会福祉事業は、第一種社会福祉事業とは異なり、その事業が行われることが社会福祉の増進に貢献するものであって、これに伴う弊害の恐れが比較的に少ないものである。この種の事業については、その事業の展開を阻害することのないように、

自主性と創意とを助長するようにすることが必要であることから、第一種社会福祉事業とは区別し、その経営主体については限定を設けることなく、その事業開始等にあたっては、届出をすればよいことにしたものである（千葉 2006：14-15）。
2) 詳細については、大阪府社会福祉協議会（2010）『社会福祉法人による生計困難者に対する相談支援事業　手引書 Ver.1　第一分冊　社会的効果検証報告書』を参照されたい。
3) 『社会福祉法人会計基準の制定について』（平成12年2月17日　社援第310号　厚生省大臣官房障害保健福祉部長、社会・援護局長、老人保健福祉局長、児童家庭局長連名通知)、及び『指定介護老人福祉施設等に係る会計処理等の取扱いについて』（平成12年3月10日　老計第8号厚生省老人保健福祉局老人福祉計画課長通知)．
4) なお、在宅サービスは今日においてはその需要が高まり普遍的なサービスとして定着し、三浦の言うような一時性・短期性を持つサービスではない。さらに、その供給は、制限されてはいるが、市場的な仕組みのなかで行われている。福祉サービスの提供システムに関する議論は、社会変化に伴う福祉ニーズの可変性を考慮する必要があることを示唆する。
5) 認知症のランクは、「認知症高齢者の日常生活自立度判定基準」による。
6) 「寝たきり者」とは、寝たきり度のランクBとランクCをあわせた者をいう。寝たきり度は、「障害高齢者の日常生活自立度（寝たきり度）判定基準」による。
7) なお、この時期の報酬改定はホテルコストの介護給付からの除外によるものではあるが、その分以上の金額が減らされることとあったため、実質、減額改定と言える。

**文献**

永和良之助(2008)「介護保険制度下における社会福祉法人の経営変化」『佛教大学社会福祉学部論集』4，19-36．
狭間直樹(2008)「社会保障の行政管理と『準市場』の課題」『季刊・社会保障研究』44(1)，70-81．
経済同友会(2010)「次世代につなげる実行ある少子化対策の実施を――危機意識を高めて、直ちに取り組むべし」2010年6月1日．
厚生労働省(2004)「平成15年介護サービス施設・事業所調査の概況」

厚生労働省(2012)「平成 23 年介護サービス施設・事業所調査の概況」
厚生労働省(2013)「平成 24 年介護サービス施設・事業所調査の概況」
厚生労働省(2014)「平成 25 年介護サービス施設・事業所調査の概況」
三浦文夫(1985)『増補　社会福祉政策研究』全国社会福祉協議会.
山田雅穂(2011)「介護サービス提供主体の多様化の機能及び継続性に求められる条件整備──コムスン事件の事例検討を通して」『社会福祉学』51(4)，139-152.
社会福祉法人の在り方等に関する検討会(2013)「第 2 回社会福祉法人の在り方等に関する検討会資料」http://www.mhlw.go.jp/stf/shingi/0000027786.html.
社会福祉法人経営研究会編(2006)『社会福祉法人経営の現状と課題──新たな時代における福祉経営の確立に向けての基礎作業』全国社会福祉協議会.
小山秀夫(2000)「介護報酬」『季刊社会保障研究』36(2)，224-234.
石倉康次(2011)「社会福祉の新自由主義的改革と社会福祉施設・事業の経営をめぐる言説の推移」『立命館産業社会論集』47(1)，115-36.
千葉正展(2006)『福祉経営論』ヘルス・システム研究所.
大阪府社会福祉協議会(2010)『社会福祉法人による生計困難者に対する相談支援事業　手引書 Ver.1　第一分冊　社会的効果検証報告書』大阪府社会福祉協議会.
中央社会福祉審議会社会福祉構造改革分科会(1998)「第 15 回中央社会福祉審議会社会福祉構造改革分科会議事要旨」(1998 年 11 月 17 日).
独立行政法人福祉医療機構(2008)「特別養護老人ホームの経営分析参考指標平成 19 年度決算分」
独立行政法人福祉医療機構(2009)「特別養護老人ホームの経営分析参考指標平成 20 年度決算分」
独立行政法人福祉医療機構(2010)「特別養護老人ホームの経営分析参考指標平成 21 年度決算分」
八代尚弘(2010)「経済教室『公共』を考える──改革の起点(上) 公益追求、企業での可能」2010 年 4 月 22 日付日本経済新聞全国版朝刊，25.
百瀬孝(1997)『日本福祉制度史──古代から現代まで』ミネルヴァ書房.
武居敏編(2011)『社会福祉施設経営管理論』全国社会福祉協議会.
北場勉(2000)『戦後社会保障の形成』中央法規出版.

# 第 2 章　介護保険制度の導入と関連施策の変化

　本章では、介護保険制度の導入に至るまでの高齢者福祉政策の動向を踏まえたうえで、介護保険制度の導入後に行われた様々な施策について時系列的に整理し考察を行った。高齢者福祉政策の展開については、高齢者福祉の基盤整備期と言える1960年代から2000年の介護保険制度の導入に至るまでの政策の流れを4つの時期に分けて検討し、各期における介護サービスの提供の方針や特徴などについて考察を行った。また、介護保険制度の導入後の関連施策の変化については、介護保険事業計画の各期における施策内容を検討したうえで、施設経営との関係について考察を行った。

## 第1節　介護保険制度以前の高齢者福祉政策の展開

　介護保険制度は介護の社会化を目指し、2000年4月から実施され、現在は高齢者福祉の主たる供給システムとして定着している。介護保険制度は、介護サービスの分野に社会福祉法人以外の新たな供給主体を積極的に参入させることを通して、競争原理によってサービスの質を向上させることを期待していた。従来、行政の措置としての行われていたのが、利用者の選択と契約によるサービス利用に変わり、さらにサービスの普遍化のための基盤整備として営利企業等の新しい供給主体を介護市場に参入させ、多様な供給主体の競争のメリットを活かそうとしたのである。
　このようなパラダイムの変化は、高齢者福祉政策の歴史的展開の中で生まれたものであり、その連続線上で理解する必要がある。本節では、高齢者福祉の基盤整備期の1960年代から介護保険制度開始の2000年までの政策の流れを整理し、介護市場の形成過程と施設経営の重要性が台頭された背景等に

ついて考察を行った。

## 1. 高齢者福祉制度の基盤整備（1960年代～石油危機）

1960年代は、経済の高度成長や60年安保等を含めて経済政治的な激動の時期にあったが（小笠原2005：79）、経済成長を基盤として社会福祉の発展が進められた時期でもある。高齢者福祉においては、1963年に老人福祉法が制定されることよって高齢者福祉の基盤が形成され、施設福祉及び在宅福祉のサービスインフラが拡充されていく。

老人福祉法制定によって、高齢者福祉サービスは施設福祉と在宅福祉の骨格が作られた。施設福祉においては、かつて生活保護法の養老施設を名称変更し「養護老人ホーム」に移行させた。また、経済的な理由ではなく、身体的・精神的な状態による介護の必要性によって利用できる「特別養護老人ホーム」が新設された。さらに、日常生活の支援が必要な虚弱老人を無料又は低額な料金で入所させ、日常生活上必要な便宜を供与することを目的とする「軽費老人ホーム」も創設された。一方、在宅福祉においては、後のホームヘルプサービスの前身である「老人家庭奉仕員制度」が創設された。そのほかにも、老人福祉センターや老人クラブへの支援など様々なサービスが新たに整備された。

このように、高齢者に特化した法制である老人福祉法の制定は、高齢者福祉サービスの基本的な枠組みを形成させた。さらに、これまで高齢者への貧困対策など経済的な困難を主な福祉の対象としていたが、この時期に至っては、高齢化の進展や家族形態の変化等によって生じる介護の問題にも目を向けるようになる。社会的に高齢者の介護問題が取り上げられたきっかけは、1967年、東京都社会福祉協議会と長野県社会福祉協議会が行った「寝たきり老人調査」と、1968年に全国社会福祉協議会が行った「寝たきり実態調査」であった（森2008：26）。これらの調査では、全国に20万人以上の寝たきり高齢者がいることが明らかになった。この問題は、マスコミにも大々的に報道され、高齢者の介護問題への関心が一気に高まることになった。その対策を講じるべく、政府は老人ホーム等の施設サービス及び、在宅サービス

の拡充に力を入れることになったのである。

　まず、施設介護サービスについては、1970年の中央社会福祉審議会答申を受けて、1971年から「社会福祉施設緊急整備5ヵ年計画」が実施され、特別養護老人ホームなどの施設サービスのインフラが整備されていく。同計画では、5ヵ年を通して約4万人分（入所定員）の特別養護老人ホームを整備する目標を立てていたが、実際に整備目標の91％を達成し、1976年の時点で630施設、4万9,000人分の特別養護老人ホームが整備された（小笠原2005：85）。また、在宅介護サービスについては、老人家庭奉仕制度をより活性化させるため、「家庭奉仕員派遣事業」の予算を大幅に増額した。1969年度に9,000万円だったのが、翌年度には3億4,000万円へと、約4倍に急増していた（小笠原2005：83）。

　一方、高齢者の医療については、老人福祉法で高齢者の疾病予防や早期発見・治療を目的とした「健康診査」が制度化された。これにより、健康診査を受けることで病気の早期発見に寄与したものの、受診のための医療費は依然として課題として残されていた。このような状況で、1960年から始まった岩手県沢内村の老人医療無料化（＝65歳以上の国民健康保険加入者に対しる10割給付）は、その後の高齢者医療の在り方に関する激論の呼び水となった。老人医療無料化の動きは、その後、他の自治体に拡散され、1969年からは東京都においても70歳以上の老齢福祉年金受給者を対象に実施された。それが起爆剤となり、一挙に全国自治体に広がって行った[1]（小笠原2005：81-2）。政府はこのような革新自治体の政策を踏まえ、1973年に老人福祉法の改正を行い、「老人医療費支給制度」（＝70歳以上の老人医療費無料化）を導入するに至る。

　このように、1960年代は老人福祉法という高齢者に特化された法制によって高齢者福祉の枠組みが形成された時期である。特に、かつて貧困対策の一環として位置付けられており、その措置条件も経済的な理由に限られていた養老施設等の入所施設の利用が、特別養護老人ホームの新設によってその他の理由、つまり身体的・精神的な状態による介護の必要性によっても利用可能となったのは、高齢者の介護問題が新たな福祉ニーズとして認められた

ことを意味する。しかしこの時期における制度政策は、行政主導の考え方の下で、国や自治体による創設―執行―管理という、完全なる措置システム下で運営されていた。それには、時代的な背景として高度経済成長によって国家財政が比較的に豊かだったことも関連すると考えられる。

## 2. 高齢者福祉政策の構造変化（石油危機以降～1980年代半ば）

1973年は、社会保険や福祉サービス等の充実が図られ「福祉元年」と言われるが、同年の秋に起きた石油危機により、日本の社会福祉政策が大きな転換期を向かいはじめる年でもある。

高齢者福祉において、1973年は前述の老人医療費支給制度を始め、関連政策の拡大・発展期と評価される。同年は、国民年金給付額の引き上げをはじめ、社会保障・社会福祉面で当時としては画期的な変化[2]が行われたからである。「福祉元年」という言葉は、今後の社会保障制度の継続的な拡大への期待を込めた表現であったとも言える。

しかし、同年の秋に起きた石油危機により高度経済成長が終わりを迎えると、公費によって拡大しつつあった社会福祉政策は大きな方向転換を余儀なくされる。石油危機による景気低迷の影響で税収の減少が進むなか、国債発行に依拠した財政運営が展開され、国債依存度はますます高まっていく。そんななか、財政収支悪化の要因の一つとして社会保障支出が批判の対象となり（佐橋 2006：27）、財政主導型の高福祉社会をめざしていた日本の社会福祉は新たな路線を探ることになる。いわば、「日本型福祉社会論」の登場である。

日本型福祉社会論の源流は、自由民主党の当時の幹事長の橋本登美三郎が1974年に発表した『福祉社会憲章（私案）』である（佐橋 2006：35）。そこには、今後の社会保障の基本として「相互扶助による保険方式」を中心とする考え方が示されている。また、1979年には自由民主党研修業書として『日本型福祉社会論』が出版されるが、そこには、家庭を基盤とする自助努力の方針である「日本型福祉社会論」が具体的に描かれている。日本は伝統的な家族形態である三世代同居により子が老親の養護をするという美風があ

り、また企業による福祉も充実していることから、それらを積極的に活かし、日本の実情にあう福祉社会を目指すことを求めていた。言い換えれば、個人や家族等の自助努力を重視し、社会保障施策は自助努力や家庭福祉等が機能しない場合の補完であるとの考え方である（百瀬 1998：83）。さらに、当時の総理大臣（大平正芳）の施策方針演説の内容を見れば、その考え方が鮮明に表れている。具体的には、「家庭は社会のもっとも大切な中核であり、充実した日本型福祉社会の基礎であります。…（中略）…日本人の持つ自由自助の精神、思いやりのある人間関係、相互扶助の仕組みを守りながら、これに適正な公的福祉を見合わせた公正で活力ある日本型福祉社会の建設に努めたいと思います」（現代日本体制論研究会 1976：247）と述べられている。このように、日本型福祉社会論は、自助努力や家族福祉、近隣の相互扶助などを前提とし、政府の社会保障の役割を限定的に位置付けている。

　当然、高齢者の介護についても家族責任を前提とし、高齢者福祉の拡充を抑制しようとしていた。しかしまだこの時期は、社会福祉抑制の基調から、社会保障費予算は毎年度落ち込んでいったが、例えば1978年にはショートステイ、1979年にはデイサービスが制度化され、現在の在宅サービスの枠組みが出来上がるなど、高齢者福祉の急激な縮小が進んだとまでは言えない。しかし、1980年代に入ると、経費の節約合理化を狙いとする行財政改革が国家政策の最重要課題とされるに至った。1981年に発足した第二次臨時行政調査会にちなんで、「臨調・行革路線」ともいわれるこの政策は、福祉への公費支出の抑制・削減を進め、その結果、福祉施設やホームヘルプサービスなどの在宅サービスは大幅に不足することとなった（伊藤 2002：2）。

　一方、このような状況のなかで、福祉における十分な根拠のない行き過ぎた最大のシンボルと評される「老人医療費支給制度」は、導入直後の1970年代半ばから見直しが叫ばれていた。特に、病院での入院治療の必要がないないにも関わらず、在宅や施設サービスの不足から病院への入院を選ぶ「社会的入院」が老人医療費を増大させるという社会問題が浮かび上がっていた。そのため、1977年には老人保健医療問題懇談会において、医療費保障への編重、保健サービスの一貫性の欠如、老人医療費負担の不均等、老人保健医

療対策における問題に対する検討が始まる。具体的には、今後の老人保健医療対策は、老人保健サービスと老人医療費の保障を行い、その財源としては「国民各階層が公平に負担する方法」とし、実施主体は市町村が行うべきとしている。そして議論が重ねられた結果、1982年には「老人保健法」が成立し、10年間続いた老人医療費支給制度は廃止されることとなった（森 2008：43）。

　このように、1973年から1980年代半ばまでは、石油危機を契機に、これまで公費による拡大路線であった社会福祉を日本型福祉社会や在宅サービスという考え方を取り入れながら、新たな道を模索していたのである。また、高齢者福祉においては抑制策が講じられる中でも、その需要の高まりや社会的要請により、介護サービスの提供インフラが整備されるなど、一定の進展も見られる。一方、高齢者介護を実質的に担っていた医療制度の改革によって、その新しい受け皿として介護サービスのニーズが急増し、その対策が求められることになった。

### 3. 福祉費抑制政策の展開と民活路線の拡大(1980年代半ば～1990年代半ば)

　1980年代半ばごろになると、政府側でも家族介護への依存に限界があることが認識されるようになり、日本型福祉社会という言葉はあまり用いられなくなった（伊藤2002：3）。しかし、だからと言って福祉費用の抑制という政策の基本的な方針を変更したわけではない。福祉サービスにおける公的費用の抑制策として民間サービスの可能性に注目し、いわば「民活路線」へと舵を切るのである。

　1986年に、全国社会福祉協議会社会福祉基本構想懇談会によって提言された「社会福祉改革の基本構想」は、当時の「民活路線」の考え方がそのまま示されている。具体的には、社会福祉の制度改革の基本的課題として分権化あるいは民間活力の重要性を強調している。国・行政の関与を出来るだけ緩和し、社会福祉の「自由化」、「柔軟化」を図ることが必要であり、社会福祉サービスの実施主体については、できる限り市町村に移すことと、民間の力を十分に活用することが重要であると述べられている。

また、1989年には「社会福祉改革の基本構想」をより具体的かつ法制改革に結びつけるものとして、福祉関係三審議会合同企画分科会意見具申「今後の社会福祉のあり方について」が出された。ここでは、社会福祉を取り巻く環境について、「国民の生活を取り巻く、社会・経済・文化的状況は大きく変化してきており、とりわけ、急激な高齢化、平均寿命の伸長」が、社会保障制度に対して影響を与えているとしている。また、従来、地域福祉や家族が持っていたとされる「福祉的機能」の脆弱化を指摘している。さらに、福祉サービスの「一般化・普遍化・施策の総合化・体系化」の推進や利用者の選択といった考えのもと、①市町村の役割重視、②在宅福祉の充実、③民間福祉サービスの健全育成、④サービスの総合化・効率化を図るための福祉情報提供体系の整備を提言している。

これに基づき、翌1990年6月には、福祉八法改正が行われる。福祉八法改正の趣旨[3]は、21世紀の本格的な高齢社会の到来を目の前に控え、高齢者の保健福祉の推進を図るため、在宅サービスと施設福祉サービスを市町村が一元的かつ計画的に提供される体制を進めることにあった。また、これにより、公的に提供されるサービスの範囲が限定され、在宅福祉サービス推進の責任主体が市町村となり、在宅福祉事業(ホームヘルプ、デイサービス、ショートステイ)は第二種社会福祉事業として位置づけられ、民間事業者を含む多様な提供者に事業を委託する道が開かれる(佐橋2006：54)。さらに、入所措置事務が市町村に移譲されるとともに、負担割合も国：都道府県1：1から、国：都道府県：市町村2：1：1へと変更されることになる。

この頃から、民間活力と競争原理の導入という名目で、民間サービスの後押しと在宅サービスの民間委託が積極的に推進され、福祉の民活路線が定着するようになったと言える(伊藤2002：3)。特に、高齢者福祉分野においては福祉八法改正の後、「施設福祉から在宅福祉へ」の転換がなされ、在宅サービスの著しい拡大が見られる。具体的には、1989年に策定された「高齢者保健福祉推進十か年戦略(以下、ゴールドプラン)」が掲げた整備目標にそって、在宅サービスの基盤整備が進められることになった。

ゴールドプランは、市町村における在宅福祉対策の緊急整備として、ホー

ムヘルパー10万人、ショートステイ5万床などの拡大に加え、入所施設の緊急整備として、特養ホーム24万床、老人保健施設28万床などの施設の拡充を掲げた。その後、福祉八法改正により、市町村等の老人保健福祉計画策定が義務付けられた結果、ゴールドプランを上回るニーズが明らかになった。そのため、1994年ゴールドプランが見直され、マンパワーの確保を新たに盛り込み、「新・高齢者保健福祉推進十か年戦略（以下、新ゴールドプラン）」が1995年より1999年まで実施されることになった（高梨 2009：109）。その具体的な数値目標としては、ホームヘルパーは6万8千人増やして約16万8千人に、特別養護老人ホームは約5万人増やして29万床に設定された。しかし、在宅福祉サービス分野のなかでも公的供給量が少なかったホームヘルプサービスについては、社会福祉協議会、福祉公社、民間営利企業等の多様な民間団体に委託することで、その供給量を増加させていった。この時期から始まった多様な法人格をもつ団体への委託は、その後、福祉サービスの供給における社会福祉法人の独占体制を揺るがすこととなる。

　この時期の高齢者福祉システムにおける変化は、1970年代以降に始まった福祉抑制策、反福祉的理念を背景にした「日本型福祉社会」の構想が、本格的な高齢社会の到来を目の前にした日本の深刻な現状を認識することにより、その限界を認めつつ、より具体的かつ現実的な政策枠組みを立てることで進められた。その政策的な方向性として民活路線が示され、営利企業を含む多様な提供主体の在宅介護サービスへの参入の道が開かれた。しかし、この時期はまだ介護サービスのインフラを構築する段階であったことと、さらには多様な民間事業者への委託が認められたと言っても、社会福祉協議会や福祉公社など実質的には公的性質を持つ機関への委託が多く、営利企業への委託は一部であったことなどを踏まえると、まだ介護サービスの市場化が本格化したとは言えない。したがって、介護サービスの市場化の入り口の段階と言えよう。

## 4. 社会福祉基礎構造改革と介護保険制度の創設（1990年半ば〜2000年）

　1990年代初めのバブル経済崩壊以後、規制緩和に始まる一連の改革は、

社会福祉領域においても改革を促すこととなった。経済状況の厳しさに加え、少子高齢化の進展によるドラスティックな人口構造の変化は、その改革により拍車をかける要因となった。

1990年半ばからは、戦後、長年にわたり福祉政策を支えてきた措置制度の見直しと、それに代わるものとして「契約制度」や「市場原理」が導入されるとともに、民間部門の活用による社会福祉領域における「競争」の促進と「利潤追求の容認」という、新しい考え方に基づいた制度・政策が展開されることになる。このような一連の著しい変化は、戦後50年間福祉政策を支えてきた基本理念・基本構造を根本的に変えることを意図するものであったことから、「社会福祉基礎構造改革」と呼ばれることになった（林2011：42）。

「社会福祉基礎構造改革」に関する議論は、1990年代、特に1990年代半ばから急速に加速していく。社会福祉構造改革に関連する政府の具体的な議論としては、厚生省の「社会保障の構造改革について」（1996年8月）、「地方分権推進委員会第一次勧告――分権社会の創造」（1996年12月）をはじめ、社会福祉事業法等の在り方に関する検討会の「社会福祉の基礎構造改革について（主要な論点）」（1997年11月）、中央社会福祉審議会・社会福祉構造改革分科会の「社会福祉基礎構造改革について（中間まとめ）」（1998年6月17日）、同「追加意見」（1998年12月8日）等の報告が矢継ぎ早に出されてきた（浅井1999：32）。

議論を経てまとめられた報告書では、社会福祉基礎構造改革の理念と意義については、次のように述べられている。社会福祉基礎構造改革は、「個人が人としての尊厳を持って、家庭や地域のなかで、障害の有無や年齢にかかわらず、その人らしい安心のある生活が送れるよう自立を支援することを構築するとともに、事業主体の多様化・活性化及び事業運営の透明性の確保を図る総合的な改革である」（中央社会福祉審議会1998）と、利用者主体や尊厳、自立支援を支えるシステムづくりを目指すものであり、そのための基盤づくりとして、福祉サービスの提供主体の多様化を図るとしている。さらには、サービス提供システムにおいては、「戦後50年あまり続いた措置制度の

制度疲労を克服し、新たな社会福祉の理念の下で、利用者によるサービスの選択権を保障し、事業者の自主的な発展を促す」（中央社会福祉審議会 1998）とし、従来の措置制度は、行政の措置による福祉サービスの提供であったため、その権利義務関係の不明確さや利用者本位の視点の弱さ等があり、それを改善するためには利用者の選択権の保障が必要であると指摘している。

　以上の議論を総合的に踏まえる形で、2000年6月には、社会福祉基礎構造改革の集大成として、「社会福祉の増進のための社会福祉事業法等の一部を改正する法律（社会福祉法）」が公布された。社会福祉法によって、「利用者の立場に立った社会福祉制度の構築」、「福祉サービスの質の向上に関する制度の整備」、「福祉サービスの拡充に関する規定の整備」、「地域福祉の推進に関する規定の整備」（社会福祉法令研究会 2001）など、社会福祉の新たな理念が示され、福祉サービスの運営原理や供給システムにおいても大きな変革が行われた。

　また、2000年4月からは、介護保険制度が導入され、介護サービスは福祉サービスの諸分野のなかで最も大きなパラダイムの転換を迎えることになる。以下では、介護保険制度が創設されるまでの流れを簡略に整理してみよう。

　介護保険の構想が本格的に議論され始めたのは、1994年の国民福祉税構想が挫折した1994年2月以降であるが、1980年代後半から既に新しいシステムの素地はつくられていた（神野・金子 2002）。例えば、1988年の厚生省政策ビジョン研究会の「変革期における厚生行政の新たな展開のための提言」では、社会保険方式による新しい介護保障システムについて述べられている。また、全国社会福祉協議会が1989年に提出した「介護費用の社会的負担制度のあり方を求めて（介護費用の社会的負担制度のあり方検討委員会中間報告書）」においても、ドイツの介護保険制度を検討し、新しい介護保障システムとして社会保険方式が提案されている。その後1989年の「介護対策検討委員会報告」や1992年の高齢者トータルプラン研究会の内部文書の「高齢者トータルプラン研究会報告」においても、社会保険方式が明確に示され、給付の負担などに関する具体的な議論がなされている。

この様な前段階を経て、1994年3月には厚生大臣の諮問機関である高齢社会福祉ビジョン懇談会がまとめた「21世紀福祉ビジョンー少子・高齢社会にむけて」において、介護システムの創設が提案される。そして、同年9月に社会保障制度審議会に設置された社会保障将来像委員会が、社会保障制度の見直しに関する「第二次報告」を発表し、そこで初めて介護保険制度の創設が明記された。その後、同年12月にも、高齢者介護・自立支援システム研究会がまとめた「新たな高齢は介護システムの構築を目指して」において再び介護保険制度の創設の必要性が強調されるようになる。

これらの介護保険に関する構想を踏まえ、本格的に検討が始まり1995年7月に社会保障制度審議会が勧告を発表し、介護保険制度の創設を提言するにいたる。その後、老人保健福祉審議会による「中間報告（1995年7月）」、「最終報告（1996年4月）」が提出され、厚生省を中心に法案がまとめられていった。1996年の通常国会への法案提出は見送られたが、同年11月の臨時国会に提出され、二度の継続審議を経て、1997年12月に介護保険法が成立し、2000年4月から施行されることになる（伊藤2002，森2008）。

1990年半ばから2000年までを振り返ると、1990年半ば以後は、「社会福祉基礎構造改革」という、戦後50年間にわたり福祉政策を支えてきた基本理念・基本構造に関する根本的に変革が行われた時期である。戦後の福祉サービスの提供システムとしての措置制度が改められ、多くの福祉サービスが利用者の選択による契約制度へと変わり、またサービスの提供主体も営利企業を含む多様な組織に参入が認められることとなった。

特に、介護サービスにおいては介護保険制度の導入により、新たな市場環境が形成され、かつて介護サービスのほぼ独占的な供給者であった社会福祉法人はビックバンと言えるほど急激な環境変化にさらされることになる。供給主体の多様化は、多様な主体間の競争を運営原理としており、社会福祉法人が持つこれまでの既得権をなくすことを意味するイコールフッティングの施策が次々と進められ、今でもその流れは続いている。

この時期は介護サービスにおける市場化が大幅に進められた時期である。特に介護保険制度の施行により、介護市場の拡大と競争が促され、社会福祉

分野における「経営」への関心が急速に高まる時期でもある。介護保険制度の施行を前後にして社会福祉法人や社会福祉施設の経営に関する多数の著作[4]が出されていることからも、当時、社会福祉分野における経営への関心の高まりを推測することができる。

## 第2節　介護保険制度の関連施策の変化

　介護保険制度は「走りながら考える」といったスローガンのように、社会経済的な変化に柔軟に対応できるように5年ごとに制度の見直しを行うとともに、3年ごとに介護報酬改定を行うこととなっている。さらに市町村及び都道府県は3年を1期とする介護保険事業（支援）計画が義務付けられており、国は各期における基本指針を定めることとなっている。制度施行以後、これまでに2回の制度見直しと、4回の介護報酬改定が行われたほか、介護労働や管理運営等に関連した諸施策の整備や見直しを通して制度の安定的な運営を図ってきている。

表2-1　介護保険制度の関連施策の変化

| 時　期 | 年　月 | 介護保険制度の関連施策の変化内容 |
| --- | --- | --- |
| 第1期<br>（2000年～2002年） | 2000年 4月 | ①常勤換算方式の適用 |
|  | 2002年 4月 | ②個室・ユニット化 |
|  | 2002年 8月 | ③入所優先順位基準の変更 |
| 第2期<br>（2003年～2005年） | 2003年 4月 | ①第1回介護報酬改定 |
|  | 2004年 5月 | ②第三者評価の導入 |
|  | 2005年 4月 | ③施設整備補助金の交付金化 |
|  | 2005年10月 | ④食事・居住費の徴収開始 |
| 第3期<br>（2006年～2008年） | 2006年 4月 | ①第2回介護報酬改定 |
|  | 2006年 4月 | ②退職手当共済掛け金の変更 |
|  | 2006年 4月 | ③介護サービス情報の公開 |
|  | 2006年 4月 | ④地域密着型サービスの開始 |
|  | 2006年 4月 | ⑤新予防給付の開始 |
| 第4期<br>（2009年～2011年） | 2009年 4月 | ①第3回介護報酬改定 |
|  | 2009年 5月 | ②介護基盤緊急整備等臨時特例交付金 |
|  | 2009年10月 | ③介護職員処遇改善交付金 |
|  | 2010年 4月 | ④介護職員の医療行為許容 |

一方、管理された枠内における経営という特徴を持つ介護市場において、制度や諸施策の変化は施設経営に影響を与える重要な要因となり、その変化にどれだけ対応できるかが経営成果を左右するとも言える。例えば、公定価格の介護報酬の改定は、経営利益の増減に大きな影響を与える。また、サービスや人材に関わる施策の変化によって、事業所の人事労務管理やサービス提供体制に見直しが求められる場合などもある。

本節では、介護保険制度の開始からこれまで行われた介護報酬改定を含む諸施策の変化を整理し、各々の施策が持つ目的や役割、またその限界及び課題について考察を行った。**表 2-1** は、介護保険制度の関連施策の変化を介護保険事業計画の各期に分けて整理したものである。

## 1. 第1期：介護保険制度への円滑な移行のための調整施策

第 1 期における施策内容は、措置制度から介護保険制度への移行に伴う施策として新たな職員配置基準の導入や、サービスの整備及び提供方針に関わる施策が講じられている。各施策の内容について検討してみよう。

### 1) 常勤換算方式の適用

常勤換算とは、当該従業員のそれぞれの勤務延時間の総数を当該指定介護老人福祉施設において常勤の従業員が勤務すべき時間数で除することにより、常勤の従業者の員数に換算する方法である（宮本 2011）。これにより、必ずしも正職員でなくてもパートやアルバイト職員を活用して職員配置基準をクリアすることができるようになり、人員確保及び配置に柔軟性をもたらすこととなった。常勤換算方式の導入は、人件費の調節による経営の工夫の可能性を高めたが、介護従事者の非常勤化を促し介護労働の不安定化をもたらしたとも言える。

### 2) 個室・ユニット化の推進

施設の不足による入所待機者の増加の問題とは逆に、入所施設の整備において個室・ユニット化を進める方針を打ち出した。この時期から既に、入所

者のプライバシーの確保や個別のライフスタイルを尊重するという視点から個室・ユニットケアが推奨され、将来的には全施設の個室・ユニット化を目指す方針が示され、その後も大きな方針の転換は行われていない。しかし、群馬県で起きた「静養ホームたまゆら」火災死傷事件のように、入所施設の不足が生んだ悲惨な状況を重く受け止める必要がある。介護保険制度の最も大きな目的は、「介護の社会化」と言っていながら、必要なサービスを利用できない要介護者が増えている現状を黙認して、サービスの質の向上のみを重視する考え方には違和感を覚えざるをない。個室・ユニット化の方針が悪いと言うわけではなく、それにかかる財源によってサービスインフラの整備が遅れる反射的被害を利用者に与えてはならないということである。

### 3）入所優先順位基準の変更

介護保険制度は在宅介護を基本的に重視する立場をとっていたが、制度開始以後、在宅サービスの需要の増加と共に、施設サービスの需要も予想を大きく上回り増え続け、施設入所の待機者が急増する事態となった。このような状況を踏まえ、2002年8月には施設入所の必要性が高い要介護者を優先的に入所させるよう努めることを旨とする運営基準の改正を行った。本来、誰もが利用できる介護サービスの提供を目指していた介護保険制度であったが、早くもその理念とは異なる方向に舵が切られたと言える。優先順位を決めることで、より施設入所の緊急度が高い要介護者が入所するようになったが、一方では利用者の重度化が進み、介護労働の重度化を押し進める原因となった。

## 2. 第2期：給付の適正化・イコールフッティング施策

第2期には、介護保険の給付の適正化を図ると共に、介護市場における競争条件を整えるための施策等が行われた。

### 1）第1回介護報酬改定

2003年の介護報酬改正では、在宅は＋0.1％、施設は－4.0％で全体として

は−2.3％の減額改定が行われた。特に施設サービスの減額幅が大きいが、これは介護経営実態調査によって把握された事業収益の実態が反映された結果である。これにより介護老人福祉施設はこれまで以上の経営努力が求められることになる。

### 2）第三者評価の導入

サービスの質を担保するための施策として、2004年から第三者評価が導入された。客観的な立場による施設運営に関する評価を受けることで経営改善やサービスの質の維持・向上に寄与する効果は認められるが、施策の本来の目的を必ずしも達成しているとは言えない。介護老人福祉施設は評価の受審が任意であることから全国的に受審率が低く、評価費用に対する行政からの補助の有無によって受診率に大きな地域差があるほか、評価者の質のばらつきなどの運営上の課題も指摘されている。

### 3）施設整備補助金の交付金化

従来、介護老人福祉施設の施設整備費は、国・都道府県による公的補助4分の3と、残る4分の1の自己資金によって賄われていた。しかし、2005年度から施設整備補助金が交付金化され、介護保険施設の整備については一般財源化することによって、国による介護老人福祉施設の整備は基本的に行わないこととなった。

### 4）食事・居住費の徴取開始

これまで介護保険給付の対象であった食費と居住費が2005年10月から利用者負担となった。これは、在宅サービス利用者との「公平性」の視点とともに制度の持続可能性を念頭においた施策であった。施設の食費や居住費を利用者の自己負担にすることで、在宅サービスへの誘導を図り給付の支出を抑えると言う効果を期待したのである。当時、施設給付の見直しにより、保険給付費は年間3,000億円程度、保険料は月額200円程度上昇が抑えられるとの試算が示されている（厚生労働省2006）。

## 3. 第3期：新介護保険制度による施策展開

　第3期は、5年ごとに制度の見直しを行うという方針から、全面的な制度改正が行われる。改正の最も大きな狙いは制度の持続可能性であり、介護報酬の大幅の見直しとともに、地域密着型や新予防介護サービス等の新しいサービス体系が導入されることとなる。

### 1) 第2回介護報酬改定

　2006年の介護報酬では、在宅が－0.1％、施設が－4％で全体的には－2.4％で、2003年に続く連続の減額改定となった。経営の時代に入ったということから経営努力に励んできた施設側から見れば、このような2回連続の減額報酬改定は、この間の経営努力がまったく評価されない形となり、将来に対する大きな経営不安を抱えさせることになる。

### 2) 退職手当共済制度の掛け金の変更

　「社会福祉施設職員等退職手当共済制度」は，社会福祉施設職員等退職手当共済法の規定に基づき、社会福祉法人の経営する社会福祉施設等、特定介護保険施設等及び申出施設等に従事する職員が退職した場合に、その職員に対し退職手当金の支給を行う事業である。国及び都道府県が原則として社会福祉施設等職員に係る給付費の各3分の1を補助する制度であったが、2006年度の改正によって，介護保険制度の対象となる高齢者関係の施設・事業についての公的助成が廃止された．それによって退職手当共済掛け金の施設側の負担率が1/3から3/3に変わり施設側の負担が増え，新規採用の場合は加入を控える法人が増える結果となった．これにより実質，社会福祉法人に属する介護労働者の処遇水準の低下につながった。

### 3) 介護サービス情報の公開

　これは事業者が自らの責任の下で事業所の情報を公開し、利用者が主体的にサービス事業所を評価・選択できるように支援することを目的としたものである。2006年の導入当時は、事業所ごとに年に1回、事業所情報を都道

府県又は指定情報公開センターに報告し、都道府県又は指定機関はそれに対し調査を行い、その結果をインターネット等で公開する仕組みであった。その後2012年度からは、情報の活用実態や事業所側の負担を考慮し、実質的には廃止に近い形で見直しが行われた。

4) 地域密着型サービスの開始

　地域密着型サービスは、高齢者が要介護の状態になっても出来る限り住み慣れた地域での生活が継続できるように支援することを目指すものであり、小規模多機能型居宅介護や小規模特養等、新しい形態のサービス提供を通して地域を基盤とした介護サービスを展開しようとするものである。地域密着型サービスは、後の第4期以降においても地域包括ケアシステムの推進という観点から積極的に進められている。なお、サービスの整備量や事業所の選定などの権限が市町村に委ねられていることから、市町村の財政状況や方針によってサービス基盤に地域差が生じる等の問題も指摘されている。

5) 新予防給付の開始

　2006年の介護保険改正では、介護予防を重視したシステムの確立が目指され、その具体的な施策として地域支援事業や新予防給付が創設された。新予防給付の創設によって、要介護状態区分がこれまでの「要支援・要介護1〜5」の6段階から「要支援1〜2・要介護1〜5」の7段階へと変更され、新しく「要支援2」が創設された（森2008：111）。新予防給付は、要支援を要支援1と2に分け、要介護状態になる前に予防サービスを利用することによって、健康な状態を長く維持させることを目的としたものである。しかし、予防重視型システムは実質的には重度者を優先するサービス提供システムであるとの指摘や、予防事業の実際の効果についてはエビデンスが示されていないなどの指摘もある。一方、第5期（2015年）以降の制度改革のなかで、介護予防サービスについては、要支援1・2の軽度者に提供されていた、訪問介護・通所介護の予防給付を給付から除外し、当該サービスは地域支援事業で賄うとする方針が出されている。

4. 第4期:「介護のデフレスパイラル」の弊害への対策

　第4期は、これまでの介護保険制度の関連施策の歪の解消を目的とした施策が多い。2003年と2006年の連続マイナス報酬改定は、将来の経営への不安を抱えさせ、従事者の人件費やサービスにかかる事業費を削減するなど、いわば歪んだ経営努力を促すこととなった。一方、団塊世代の高齢化などにより介護従事者の需要が急増するなか、介護従事者の処遇の低さや人材確保の困難が社会的にも注目され、行き過ぎた持続可能性（≒財政安定化）の追求によるそれらの弊害を改善することが求められた。そのため、第4期においては、人材の育成・確保やサービス基盤の整備等に関連する施策が講じられたのである。

1) 第3回介護報酬改定

　2009年の介護報酬改定では、在宅＋3.0％、施設＋1.3％、全体としては＋3.0％の増額改定となった。これは、介護従事者の離職率の高さや人材確保の困難といった状況を踏まえた、「介護従事者の処遇改善のための緊急特別対策」の一環であった。介護報酬の3％アップは、介護従事者の処遇改善を主な理由としているが、実際に賃金については労使の協議に委ねられていることから、施設の運営費に使われる等、実際の介護従事者の賃金向上の効果は限定的であったとの指摘もある。

2) 介護基盤緊急整備等臨時特例交付金

　介護サービス基盤の整備においても、臨時的措置がなされた。臨時特例交付金の形で介護基盤整備を進めたものであるが、その背景には、「静養ホームたまゆら」火災死傷事件で代表される入所待機者問題の実態がある。この施策は、3年間で特別養護老人ホーム等、16万人分の整備目標を立てて進められた。これは、第2期における「施設整備補助金の交付金化」をはじめ、施設整備を凍結させたこれまでの施策の結果、入所待機者問題や無認可施設によるサービス提供等の問題が深刻化かつ顕在化してきたことに対する緊急措置である。

### 3）介護職員処遇改善交付金

前述の介護報酬のアップに続く介護職員の処遇改善策として交付金が設けられた。介護職員処遇改善交付金は、介護職員の処遇改善に取り組む事業者に対して、2009年10月から2011年度末までの間、計約3,975億円（介護職員1人当たり月1.5万円に相当する額）を交付するものである。交付金の対象は、介護や看護職などとして勤務している介護従事者である。実際に介護職員15,160円、看護職員8,500円、生活相談員・支援相談員12,240円の賃金向上の効果があったと報告されている（厚生労働省2010）。

### 4）介護職員の医療行為の許容

近年、介護老人福祉施設における医療的ケアの必要性が高い利用者が増加している。なかには、高い医療知識や技術が必要な利用者だけでなく、例えば、痰の吸引や経管栄養などのような比較的簡単な医療的ケアを要する場合も多い。しかし、従来は、そのような簡単な医療行為について、看護職以外の介護職員等がそれを行うことは認められなかった。それにより、配置基準通りの看護職員で、医療的ケアのニーズを持つ利用者を対応するには限界があり、そのような利用者の入所困難が問題となっていた。そのため、2010年4月に通知（医政発0401第17号）を出し、胃ろうによる経管栄養や口腔内の吸引については介護職員も行うことが出来るようにした。その後、「社会福祉士及び介護福祉士法」の一部改定により、2012年4月1日から一定条件の下で介護職員などによる喀痰吸引等業務の実施が正式に認められた。これにより、簡単な医療的行為が必要な入所者への柔軟な対応が可能になったが、一方ではこれまで以上に介護職員の身体的・精神的負担を加重させることになった。

### 5. 各期の振り返り

2000年から2011年までの4期にわたる施策の変化内容を見てきたが、ここでは各期を施設経営との関係で考察を行う。

第1期を施設経営との関係で振り返ると、この時期は介護保険制度への移

行による会計処理等の実務的混乱をはじめ、新しい経営環境に馴染むための適応期間とも言える。また、介護保険制度の開始以前から高まった「経営」に対する不安は、「常勤換算」という法的なバックアップを受け、「介護保険制度にうまく乗った」施設経営のための戦略として、職員の非常勤化・パートタイム化を進めることにつながる。職員配置基準の緩和による介護労働環境の悪化と施設入所者の重度化が重なり、次第に介護現場の魅力がなくなって行ったと言えよう。

　第2期では、制度開始後の実際の施設運営状況を考慮した介護報酬の見直しと、施設サービスと在宅サービスにおける利用料の整合性を図り、制度の財政的な困難を未然に防ごうとしていた。サービスの質を管理する視点からは第三者評価が導入されたが、その効果は必ずしも認められていない。一方、施設サービスの大幅な減額改定と補助金の縮小は、施設の財政的な不安定さを増すことになる。社会福祉法人と営利法人等との競争条件の均一化が求められるなか、社会福祉法人に対する施設整備補助金や優遇策が大幅に縮小され、介護老人福祉施設はイニシャルコスト、ランニングコスト共に従来の豊かさを失い、経営の工夫がますます求められることになる。

　第3期は、介護保険制度の持続可能性のために改革を行い、介護報酬の大幅な見直しと新しいサービス提供システムを創設した。特にサービスの面では、地域を基盤とした介護サービス、そして新予防給付という新たなサービス形態が加わったことで、よりサービスの選択の幅が広がることになった。しかし、一方でサービス体系が複雑化し利用のしづらさを増した側面もある。施設経営の立場からは、地域密着型サービスと既存施設の併設や組み合わせによって、複合的な機能を持った施設を展開することも可能になったが、実際には、それほど普及されていないのが現状である。その理由は、地域密着型サービスの場合はほとんどが小規模で、経営利益の実現が難しいため、新たな参入が増えないからである。地域包括ケアの推進を目指す近年の政策的な流れの中で、地域社会における包括的な支援という役割や機能のみを強調するのではなく、事業所の安定的な経営が可能な介護報酬の設定等、円滑な経営のための施策を打ち出すことも重要であると考えられる。

第4期の施策の特徴は、介護保険制度の10年間にわたる歪への対策として打ち出されたものが多いこと、社会保険に基づいた制度運営であるにも関わらず、公費の積極的な投入が行われたこと、さらには、これらの施策が一時的な緊急対策であるということである。言い換えると、介護保険制度の運営上の問題が明らかとなり、その解決が社会的にも、政治的にも急がれていたと言える。しかし、このような施策は一時的なものであり、問題の根本的な解決には至っていない。例えば、介護職員の処遇改善については、第5期以降にも継続されることとなったが、それもまた加算という方法で付け加えた施策であるため、その後の施策の変化が読めず、長期的なビジョンが示されていない。

　このような状況のなかで、施設経営において最も懸念されることは、未来の不透明性に起因する、過度な施設整備費の蓄えや投資的支出の縮小など、いわば「守りの経営」である。先行きが見えない経営環境のなかで身を守ろうとする考え方はある意味では当然なことであり、それこそ未来を見据えた経営であると誤認されがちであろう。しかし、守りの経営は後々組織の潜在能力を弱め、さらには、介護報酬の負のスパイラルのような「報われない経営努力」になる可能性を潜めている。それは、市場を管理する政府側から見ても重要なパートナーを失うことになるため、大きな損失であろう。介護保険制度の将来の展望をサービスの提供者に示すことは、施設経営の予測可能性を高めることになり、より自律した経営に導くことができると考えるゆえんである。

注
1) 1971年9月で12都道府県に及び、1972年9月では44都道府県、6指定都市での実施に達していたとされる（小笠原2005：82）。
2) 医療保険の家族給付率の7割への引き上げ、高額医療費給付制度の創設、国民年金水準の2.5倍の引き上げ、社会福祉施設措置費の基準引き上げ、物価スライド制の導入、児童手当制度の新設等（佐橋2008：23，中村1993：56）。
3) 福祉八法改正による社会福祉システムの一連の変化について、「選別的福

祉から普遍的福祉へ」、「選別的救貧的福祉から一般的普遍的福祉へ」、「生活保護中心型福祉から生活保護脱却型福祉へ」、「無料定額負担の福祉から有料応能の福祉へ」、「施設福祉中心の福祉から在宅福祉中心の福祉へ」と変化することを意味すると評価している。しかし一方では、「福祉切り捨て」、「高負担低福祉」、「弱者いじめ」、「地獄の沙汰も金次第」、「金持ち優遇」、「封建主義への回帰」等々とあらゆる批判もあった（百瀬 1998：85）。特に、民間企業は利益のためにはサービスを低下させるはずとして福祉への参与を拒否する姿勢が示され、措置制度を守って行政責任を確保させるべきこと、福祉は貧困者対象であるべきで無料でなければならないとし、厳しく批判することも多かった（百瀬 1998：85）。しかし、このような批判を押し切って、福祉改革は次々と進むこととなる。

4) 介護保険制度の導入を前後（1998年～2002年）にして出された経営に関する著作には、次のようなものがある。三浦文夫監修、白澤政和・中西茂編（1998）『公的介護保険への経営戦略——21世紀の施設・社協のあり方を求めて』中央法規出版. 福祉経営研究会編（2000）『介護保険時代の福祉経営を考える』中央法規出版. 三浦文夫監修、小笠原祐次・中西茂編（2000）『介護保険施設の経営戦略——その理論と実践』中央法規出版. 石山眞男・小山邦彦・半田貢（2002）『変革期の社会福祉法人の経営——人事、財務、補助金』エヌピー通信社. 等。これらの著作には共通して、介護保険制度の導入による経営環境の変化に対応するための方策が述べられており、これまで社会福祉法人が弱いとされてきた経営の重要性を強調している。

## 文献

伊藤周平（2002）「高齢者福祉サービスの政策動向と構造変化」『大原社会問題研究所雑誌』525, 1-14.

宮本恭子（2011）「介護職員の勤続年数に影響する規定要因の実証分析」『介護経営』6(1), 2-15.

現代日本体制論研究会（1976）『経済発展と社会福祉』税務整理協会.

厚生労働省（2010）「第5回社会保障審議会介護給付費分科会調査実施委員会資料1-2, 2010年介護従事者処遇状況等調査結果の概況（案）」

高梨薫（2009）「高齢者福祉形成史と現状課題」井村圭壯・相澤譲治編『社会福祉形成史と現状課題』学文社.

佐橋克彦（2006）『福祉サービスの準市場化——保育・介護・支援費制度の比較から』ミネルヴァ書房.

佐橋克彦(2008)「『準市場』の介護・障害福祉サービスへの適用」『季刊社会保障研究』44(1), 30-40.
三浦文夫監修、小笠原祐次・中西茂編(2000)『介護保険施設の経営戦略――その理論と実践』中央法規出版.
三浦文夫監修、白澤政和・中西茂編(1998)『公的介護保険への経営戦略―― 21世紀の施設・社協のあり方を求めて』中央法規出版.
社会福祉法令研究会編(2001)『社会福祉法の解説』中央法規出版.
小笠原祐次・橋本泰子・浅野仁(2005)『高齢者福祉(新版)』有斐閣.
森詩恵(2008)『現代日本の介護保険改革』法律文化社.
神野直彦・金子勇編(2002)『住民による介護・医療のセーフティーネット』東洋経済新報社.
石山眞男・小山邦彦・半田貢(2002)『変革期の社会福祉法人の経営――人事、財務、補助金』エヌピー通信社.
浅井春夫(1999)『社会福祉基礎構造改革でどうなる日本の福祉』日本評論社.
中央社会福祉審議会・社会福祉構造改革分科会(1998)「社会福祉基礎構造改革について(中間まとめ)」(1998年6月17日)
中村優一(1993)「『社会福祉事業法』制定後四〇年間の社会福祉の展開と現代社会福祉の課題――福祉改革の方向と課題」大阪譲治・三浦文雄監修『高齢化社会と社会福祉』中央法規出版. 45-61.
百瀬孝(1997)『日本福祉制度史――古代から現代まで』ミネルヴァ書房.
福祉経営研究会編(2000)『介護保険時代の福祉経営を考える』中央法規出版.
林民夫(2011)「第2章 社会福祉基礎構造改革による介護労働の変容」林直子・林民夫編『介護労働の実態と課題』25-58, 平原社.
全国社会福祉協議会編『社会福祉関係施策資料集9』39-40.

# 第 2 部

# 経営成果と組織管理の実証分析

# 第3章　介護老人福祉施設の経営成果と組織管理の構成要素

## 第1節　研究の背景と目的

　介護保険制度の導入以後、介護老人福祉施設の経営は大きな変化を経験する。2003年と2006年の連続の減額報酬改定は経営収益にも直結し、2002年に全国平均で約14％だった収益率が、2007年にはその半分の7％まで下がり、中には赤字経営の施設も少なからずある。一方、依然として高い収益を出している施設も少なくないが、このような収益の差はどこから生じるのだろうか。各々の施設の経営能力の差が大きくなってきたとも言えるが、その経営能力の最も大きな部分を占めるのが人件費の削減である事は否めない。

　介護保険制度の導入により介護市場にも競争の原理が取り入れられたが、介護老人福祉施設は営利企業の参入が認められておらず、他の法人格との競争は少ない。さらに、入所待機者が52万人にも上ることからも分かるように、介護老人福祉施設同士の競争もほとんど生じない領域となっている。しかし、度重なる介護報酬の減額改定による「介護のデフレスパイラル」（千葉 2006：57）は、自分との戦いを意味する、いわば「自己競争」の激化を増している。経営戦略として人件費や事業費の削減に集中するあまりに、変化する経営環境に対し積極的な改善策を講じるよりは、自己防衛的な「我慢経営」に走っている施設も少なくない。このような歪んだ経営努力の結果は、短期的には収益向上に寄与するものの、長期的には職員の量的・質的な維持・確保が困難となり、サービスの利用者にも影響を与えることになる。

　かつて地域社会を舞台としてソーシャルワーク機能を施設ぐるみで果たしてきた社会福祉法人の歴史やその持つ意義を考えると、運営が経営に変わっ

たからと言って、その中身が大きく変わるはずはない。しかし、実際の近年の動きをみると、社会福祉法人と営利企業との経営の違いがそれほど大きく見えないのが現実であろう。社会福祉法人と営利企業等の競争条件の均一化を求めるイコールフッティング論が登場したのもこのような背景を持つのである。

　今、改めて、介護老人福祉施設が目指している経営の姿とは何かについて考える必要があるのではないだろうか。目指すべき「成功の姿：経営成果」とは何かについて考える事は、今後の持続可能な経営のあり方を見据えるためにも重要な作業であると考えられる。

　一方、施設の経営成果に影響を及ぼす要因をマクロな視点から見ると、大きく施設の内部環境要因と外部環境要因とで二分化して考えることが出来る。外部環境要因とは、地域社会の需要やニーズの変化、同業者の動き、関連制度の変化などの要因を意味し、内部環境要因とはその組織内の特性、つまり組織を構成する人や文化、システム等を指す。このうち、内部環境要因については、これまで社会福祉法人があまり取り組んできていない経営要素であると言われるが、その理由は社会福祉法人の持つ独特な事業運営の文化が根強くあったからである。つまり、社会福祉法人は戦後長年にわたり措置制度や助成金に頼って事業運営をしてきたため、「限られた財源の効率的な運用」という意識が弱かったのである。それにより、「競争」や「経営」という概念は、社会福祉事業に馴染まないとされ、施設長等の管理者のみならず他の職員等も効率的な組織管理の視点が弱かったのである。

　本研究は、介護老人福祉施設の経営における目指すべき姿を「経営成果」と定義し、その構成要素を明らかにするとともに、経営成果に影響を及ぼす組織管理の要素を探ることを目的としている。

## 第2節　研究方法

　介護老人福祉施設が目指すべき経営とは何か、また、それにはどのような組織管理の要素が関わっているかについて明らかにするために、関東地域に

位置する介護老人福祉施設の施設長6名（**表3-1**）を対象にインタビュー調査を行った。最初に介護の現場から評価が高いとされる施設長にインタビューを行い、そこからまた良い実践や経営をしているところを紹介してもらうという、いわゆるスノーボール方式で対象者を選定した。

質問項目は、①「介護老人福祉施設の成功した経営とは何か、貴施設が目指している経営像とは何か」、②「成功した経営または目指している経営のためにはどんなことが必要か、実際に取り組んでいることは何か」、③「介護保険制度の施策の変化は施設経営にどのような影響を及ぼしたか」などである。

調査の実施においては、質問項目の妥当性や施設の経営動向に関する情報収集のために2010年10月と11月に二人の施設長を対象にプレインタビュー調査を行い、その後、2011年4月から6月にかけて本調査を行った。

分析方法は、質的コーディング（佐藤2008）を参考にして質的分析を行った。具体的な進め方としては、逐語録データの意味内容毎にコードを割り出し、そのコードから小カテゴリーを生成した。そのカテゴリーをさらに大きくカテゴリー化し、それを各々の要因として命名した。コーディング作業に際しては、「事例―コード・マトリックス」を用いて複数のコードの比較、コードとデータの比較、データ同士の比較、複数の事例間の比較の継続的な比較分析を行った。

**表3-1　インタビュー調査対象者の基本情報**

| 施設名 | 性別 | インタビュー時間 | 施設長勤務暦 | 設立時期 | 定員 |
|---|---|---|---|---|---|
| A | 男 | 2時間 | 10年 | 1997 | 80 |
| B | 女 | 1時間20分 | 3年 | 1978 | 100 |
| C | 男 | 2時間30分 | 15年 | 1988 | 113 |
| D | 男 | 1時間30分 | 8年 | 2002 | 90 |
| E | 男 | 2時間 | 8年 | 1992 | 52 |
| F | 男 | 1時間40分 | 12年 | 1967 | 170 |

## 第3節　経営成果の構成要素

　介護老人福祉施設における経営成果の構成要素を分析した結果、1. 良質なサービス提供、2. 組織構成員の満足、3. 継続可能な財政基盤、4. 地域社会への貢献に分けられた。**表3-2**は構成要素全体のまとめを提示したもので、**表3-3**から**表3-6**は各々の構成要素の具体的なコードとカテゴリーを示したものである。

表3-2　経営成果の構成要素

| No. | カテゴリー | 要因 |
|---|---|---|
| 1 | サービスの質の維持・向上 | 良質なサービス提供 |
| 2 | 利用者の安心・安全な暮らしを支える生活支援 | |
| 3 | 気配りと専門技術が融和されたサービスの提供 | |
| 4 | 利用者のニーズへの積極的な対応とサービス開発 | |
| 5 | 利用者が満足できるサービスの提供 | |
| 6 | ヒューマンサービスにおける職員の重要性 | 組織構成員の満足 |
| 7 | 職員が総合的に満足できる職場 | |
| 8 | 転職・離職率の低い職場 | |
| 9 | 財政安定の重要性に対する認識 | 継続可能な財政基盤 |
| 10 | 事業や活動の持続可能な展開のための資金調達 | |
| 11 | 良質なサービス提供の原動力としての経営利潤 | |
| 12 | 地域社会の高齢者が安心して暮らせることへの支援活動 | 地域社会への貢献 |
| 13 | 地域社会の住民の交流の場として地域に開かれた施設 | |
| 14 | 地域社会の問題やニーズの解決 | |
| 15 | 経営利益の地域社会への還元 | |
| 16 | 制度の狭間にあるニーズへの対応 | |

### 1. 良質なサービス提供（Service Quality）

　『良質なサービス提供』要因は、「サービスの質の維持・向上」、「利用者の安心・安全な暮らしを支える生活支援」、「気配りと専門技術が融和されたサービスの提供」、「利用者のニーズへの積極的な対応とサービス開発」、「利用者が満足できるサービスの提供」に分けられる。

　常に高いサービスの質を維持・向上することを目指している。また、利用

者が居心地よく安心して暮らせる施設環境の提供や生活支援が重要であり、そのためには利用者の日常生活におけるきめ細かな気配りが求められると共に、職員一人ひとりが熟練した介護スキルを身につけることが必要であるとしている。さらには、施設内のみでなく、自宅での暮らしを望む潜在的利用者に対しても積極的にそのニーズを発掘し、新しいサービスを開発・提供するなど積極的な姿勢も重要であると述べている。このように、利用者のニーズに適切に応えながら質の高いサービスを提供していくことは、結果的に利用者の満足を促し、利用者に選ばれる魅力のある施設につながるとしている。

表3-3 経営成果の構成要素（①良質なサービス提供）

| No. | コード | カテゴリー |
| --- | --- | --- |
| 1 | 良いサービスを提供していくこと(A) | サービスの質の維持・向上 |
| 2 | 職員とサービスの適切なマネジメント(B) | |
| 3 | 職員の質の維持・向上(C) | |
| 4 | 高いサービスの質の追求(D) | |
| 5 | 居心地の良いサービスの提供(A) | 利用者の安心・安全な暮らしを支える生活支援 |
| 6 | 利用者の安心・安全の追求(E) | |
| 7 | 最後まで支えるサービス(B) | |
| 8 | 利用者が生きがいを持てる生活支援(F) | |
| 9 | 安心して暮らせる生活空間づくり(F) | |
| 10 | 気配りのあるサービスの提供(B) | 気配りと専門技術が融和されたサービスの提供 |
| 11 | 美しいサービスの提供(B) | |
| 12 | 介護の理念とスキルが調和されたケア(B) | |
| 13 | 新たな生活ニーズへの関心(F) | 利用者のニーズへの積極的な対応とサービス開発 |
| 14 | 利用者の状態に合わせた柔軟な対応(F) | |
| 15 | ニーズに合わせたサービス開発(F) | |
| 16 | 利用者に選ばれるサービスの提供(A) | 利用者が満足できるサービスの提供 |
| 17 | 利用者が満足できるサービスの提供(D) | |
| 18 | 利用者・家族・地域社会の満足(D) | |
| 19 | 利用者のサービスへの満足感の向上(E) | |

注：コードの（　）のアルファベットは施設名を示す（以下、同様）

## 2. 組織構成員の満足（Job Satisfaction）

『組織構成員の満足』要因は、「ヒューマンサービスにおける職員の重要性」、「職員が総合的に満足できる職場」、「転職・離職率の低い職場」の三つ

に分けられる。

まず、介護はヒューマンサービスであるため、職員の質が組織力やサービスの質を左右するとしている。したがって、職員が満足できる職場をつくることが大事で、そのためには労働環境や処遇を充実させること、仕事に生きがいや意欲を持てるようにサポートすること等が重要であるとしている。そのような職員の満足は結果的に低い離職率につながり、サービスの質の向上や安定した人材確保に基づく安定した経営を促すと述べている。

表3-4　経営成果の構成要素（②組織構成員の満足）

| No. | コード | カテゴリー |
| --- | --- | --- |
| 1 | 職員は大きな資産(A) | ヒューマンサービスにおける職員の重要性 |
| 2 | 人の質が組織の質(A) | |
| 3 | 職員はサービスの要(B) | |
| 4 | 人材確保の重要性(D) | |
| 5 | 職員がプライドを持って働ける職場(A) | 職員が総合的に満足できる職場 |
| 6 | 職員の仕事の喜びや達成感(C) | |
| 7 | 職員の成長と満足(D) | |
| 8 | 職員の待遇や給与の充実(C) | |
| 9 | 職員の生きがい(C) | |
| 10 | 職員の育成と職務満足(E) | |
| 11 | 職員が満足して働ける職場(F) | |
| 12 | 働きやすい労働環境(C) | |
| 13 | 働きたくなる現場づくり(F) | |
| 14 | 離職率が低い職場(F) | 転職・離職率の低い職場 |
| 15 | 転職・離職率が低い経営(F) | |

### 3. 継続可能な財政基盤（Financial Performance）

『継続可能な財政基盤』要因は、「財政安定の重要性に対する認識」、「事業や活動の持続可能な展開のための資金調達」、「良質なサービス提供の原動力としての経営利潤」に分けられる。

経営管理で最も重要視される財政のことであるが、介護保険制度の開始以降、財政管理の重要性が強調され、多くの施設では財政安定のための様々な取り組みが行われている。なお、財政の安定はあくまでも、良いサービスの

持続的な再生産の道具であり、利潤を上げることそれ自体が目的になってはならないと、多くの施設が認識している。

しかし、インタビューを行った施設の中には、財政の安定に偏った経営をしてきたことによる副作用を経験しているところもあった。離職率の高さや中間管理職の育成の困難などがそれに当たる。

**表3-5　経営成果の構成要素（③継続可能な財政基盤）**

| No. | コード | カテゴリー |
|---|---|---|
| 1 | 財政管理能力が求められる市場環境(A) | 財政安定の重要性に対する認識 |
| 2 | 赤字経営に陥らない経営(F) | |
| 3 | 事業実施における資金確保の重要性(B) | |
| 4 | 安定的な財源確保の重要性(D) | |
| 5 | 利益だけでは成功と言えない(A) | |
| 6 | 継続的・安定的な事業運営(A) | 事業や活動の持続可能な展開のための資金調達 |
| 7 | 事業の継続性の確保(A) | |
| 8 | サービスの継続性を保つ健全な施設経営(E) | |
| 9 | 活動をするための収入源(F) | |
| 10 | 活動のための資金的な裏付け(F) | |
| 11 | 良質なサービスに対する対価(A) | 良質なサービス提供の原動力としての経営利潤 |
| 12 | 良質なサービス提供の原動力(B) | |
| 13 | 良質なサービスの再生産の道具(B) | |

## 4. 地域社会への貢献（Regional Contribution）

『地域社会への貢献』要因は、「地域社会の高齢者が安心して暮らせることへの支援活動」、「地域社会の住民の交流の場として地域に開かれた施設」、「地域社会の問題やニーズの解決」、「経営利益の地域社会への還元」、「制度の狭間にあるニーズへの対応」に分けられる。

介護老人福祉施設は、社会福祉法人が経営する施設であることから、その公益性や地域貢献に対する意識が非常に高いことが分かる。また、介護老人福祉施設は入所施設であるため閉鎖的になりがちであるが、地域社会に開かれた施設を目指し、地域社会の高齢者が安心して暮らせる施設内外における支援活動を進めていくことが大切であるとしている。そのために、制度の狭間にあるニーズへの対応や新たなニーズのキャッチ機能を備えることの重要

性についても述べられている。さらには、経営の利益を地域社会に還元していくことを通して、非営利組織としての経営をめざすべきであるとの意見も述べられている。

**表3-6　経営成果の構成要素（④地域社会への貢献）**

| No. | コード | カテゴリー |
|---|---|---|
| 1 | 地域の高齢者が安心して老後を過ごせる場(A) | 地域社会の高齢者が安心して暮らせることへの支援活動 |
| 2 | 施設は地域住民のウェルビーイングのための道具(A) | |
| 3 | 地域住民が老後を安心して過ごせる場(A) | |
| 4 | 地域の一人暮らし高齢者への支援(C) | |
| 5 | コミュニティの場(A) | 地域社会の住民の交流の場として地域に開かれた施設 |
| 6 | 地域住民の交流の空間(A) | |
| 7 | 地域住民が興味を持つ開かれた施設(A) | |
| 8 | 地域住民の交流の場の形成(F) | |
| 9 | 地域住民との関係形成の努力(F) | |
| 10 | 施設機能の社会化・地域化(B) | |
| 11 | 地域貢献事業の推進・拡大(E) | 地域社会の問題やニーズの解決 |
| 12 | 地域社会貢献の重要性(C) | |
| 13 | 利用者・家族・地域社会への貢献活動(D) | |
| 14 | 地域社会の問題解決のための取り組み(F) | |
| 15 | 地域社会のための事業の展開(F) | |
| 16 | 地域社会のニーズに対応しながら、逃げない事(F) | |
| 17 | 地域社会の福祉力の向上(E) | |
| 18 | 地域社会のための継続的な活動(F) | |
| 19 | 地域社会のための施設としての存在(B) | |
| 20 | 地域社会貢献の窓口の役割(C) | |
| 21 | 地域社会のニーズへの対応(D) | |
| 22 | 地域社会のための新しいサービスの開発(D) | |
| 23 | 地域社会に密着したサービスの開発(D) | |
| 24 | 利潤を追求するよりは地域に貢献すること(F) | 経営利益の地域社会へ還元 |
| 25 | 収益の地域社会への還元(F) | |
| 26 | 制度を超えた積極的な取り組み(B) | 制度の狭間にあるニーズへの対応 |
| 27 | 制度外のサービスの提供(F) | |
| 28 | 施設を超えたサービスの拡大(B) | |

## 第4節　経営成果に影響を及ぼす組織管理の構成要素

介護老人福祉施設の経営成果に影響を及ぼす組織管理の構成要素を分析した結果、1.リーダーシップ、2.組織文化、3.チームワーク、4.人事労務管理に分けられた。**表3-7**は構成要素全体をまとめたもので、**表3-8**から**表3-11**は各々の構成要素のコードとカテゴリーの内容を示したものである。

表3-7　組織管理の構成要素

| No. | カテゴリー | 要　因 |
| --- | --- | --- |
| 1 | リーダーの役割としての理念・ビジョンの共有化 | リーダーシップ |
| 2 | 職員が従える人としての魅力と能力 | |
| 3 | リーダーの判断力や権限の重要性 | |
| 4 | 組織力と業務スタイルの伝授 | 組織文化 |
| 5 | 意思決定のプロセスと方法 | |
| 6 | 公式的・非公式的な人間関係 | |
| 7 | チーム意識と連携・協力の重要性 | チームワーク |
| 8 | チームリーダーの育成 | |
| 9 | 情報共有システムの整備 | |
| 10 | 効果的な業務マニュアルの作動 | |
| 11 | 職員の教育研修の必要性 | 人事労務管理 |
| 12 | 職員の教育研修の方針と方法 | |
| 13 | 人事考課制度の重要性 | |
| 14 | 新たな人事考課制度への転換 | |

### 1．リーダーシップ（Leadership）

『リーダーシップ』は、「リーダーの役割としての理念・ビジョンの共有化」、「職員が従える人としての魅力と能力」、「リーダーの判断力や権限の重要性」に分けられる。

リーダーは施設の代表として、経営全般を指揮する重要な役割を持つ。インタビューのなかでは、法人の理念やビジョンを職員全員が理解し、それを皆で実現していくことが出来るように支援することが、施設長の最も重要な役割であると認識していた。また、そのためには、リーダー自らが皆の模範

になる存在であること、職員を励ますことや理解するためのリーダーの人間性やリーダーシップが求められると述べられている。さらに、経営管理における戦略の策定や危機状況における判断力、あらゆる経営環境の変化に対する認識や対応の方向性の提示等、リーダーの判断力や権限の振り方の重要性についても意見が多く出されている。

表3-8　組織管理の構成要素（①リーダーシップ）

| No. | コード | カテゴリー |
| --- | --- | --- |
| 1 | リーダーの考えを共有し分かち合うこと(A) | リーダーの役割としての理念・ミッションの共有化 |
| 2 | リーダーと職員の間の意見調整(E) | |
| 3 | 法人の理念を基盤とした経営活動(B) | |
| 4 | 社会福祉法人としての使命の共有(C) | |
| 5 | 組織の目的や価値の共有(B) | |
| 6 | 施設の方針や理念を職員に浸透させること(C) | |
| 7 | 理念の共有と実現における管理者の役割(F) | |
| 8 | 経営理念を職員に伝達すること(C) | |
| 9 | 組織のビジョンの事業活動計画への反映(D) | |
| 10 | 組織のビジョンや目標の明確な定時(E) | |
| 11 | リーダーの人間性の重要性(A) | 職員が従える人としての魅力と能力 |
| 12 | リーダーの包容力(A) | |
| 13 | コミュニケーション可能な関係の形成(A) | |
| 14 | リーダーを信頼して従うこと(A) | |
| 15 | リーダーシップの重要性(B) | |
| 16 | カリスマ的なリーダーシップ(B) | |
| 17 | リーダーのコミュニケーションスキルの啓発(F) | |
| 18 | 職員の考えを経営者が理解しようとする姿勢(F) | |
| 19 | 職員と経営者との円滑なコミュニケーション(E) | |
| 20 | 中間管理職の役割の重要性(C) | |
| 21 | リーダーの選択と判断による施設のブランド力の向上(A) | リーダーの判断力や権限の重要性 |
| 22 | リーダーの革新性、能動的な経営姿勢(C) | |
| 23 | イノベーションの追求と付加価値の創出(A) | |
| 24 | リーダーの権限の適切な発揮(C) | |

## 2. 組織文化（Organizational Culture）

『組織文化』要因は、「組織力と業務スタイルの伝授」、「意思決定のプロセスと方法」、「公式的・非公式的な人間関係」に分けられる。

第3章 介護老人福祉施設の経営成果と組織管理の構成要素

施設の組織力とは、施設が組織として円滑に機能するという事であり、組織構成員同士の「息が合う」ことを意味する。このような組織の持つ力は、長年にわたる実践からの知見やノウハウが蓄積されたものであり、職員の世代間における意思疎通も重要な要因となる。しかし、歴史が長いからと言って必ずしも強い組織文化を持っているとは言えない。過去からの良い伝統は残し、社会変化に合わせた新たな仕組みを未来に残していくことが円滑に繰り替えられる組織こそ、組織文化が強い組織と言える。時代や環境の変化に合せて組織を柔軟に変える力、それもある意味では組織力であるといえる。

次に、組織文化の中でも「意思決定の文化」はその組織を理解する上で最も分かりやすい指標であると言える。インタビューの中でも、職員の意見を

表3-9 組織管理の構成要素（②組織文化）

| No. | コード | カテゴリー |
| --- | --- | --- |
| 1 | 経験知としてのボトムアップとトップダウン方式(E) | 組織力と業務スタイルの伝授 |
| 2 | 職員への施設の伝統と魅力のアピール(A) | |
| 3 | 体系的な組織の仕組みの形成(E) | |
| 4 | 経営力の違いは組織力の違い(F) | |
| 5 | 長年のノウハウと知見の継承(F) | |
| 6 | 組織力の弱さによる経営の悪循環の問題(F) | |
| 7 | 意見を提案することができるルートの有無(A) | 意思決定のプロセスと方法 |
| 8 | 新しい提案の受け入れる仕組み(A) | |
| 9 | 課題解決のための委員会組織の活用(E) | |
| 10 | 複数の管理責任者による経営会議と意思決定(E) | |
| 11 | 職員からの提案のルートの整備(E) | |
| 12 | 職員の考えを把握するための方法の開発(F) | |
| 13 | 自由に意見が言える職場の雰囲気(E) | |
| 14 | 職員が意見を言える環境(B) | |
| 15 | 職員の業務における意思決定への参加(B) | |
| 16 | 自由なコミュニケーションを促す風土(C) | |
| 17 | 委員会の積極的な活用(D) | |
| 18 | 課題解決における現場からの意見の積極的な反映(E) | |
| 19 | 職員の意見を大切に思う施設の方針(A) | |
| 20 | 職員同士のプライベートな交流、相談(A) | 公式的・非公式的な人間関係 |
| 21 | 辞めてもいつでも戻って来られる職場(A) | |
| 22 | 自由な雰囲気の職場づくり(F) | |
| 23 | 職員同士の非公式的な人間関係の重視(A) | |

サービスや業務に反映していくことの重要性について多く語られている。このような開放的な意思決定文化はサービスや業務の改善につながる事はもとより、働く人のモチベーションを高める機能も持つ。そのために、多くの施設では職員の意見を吸い上げるルートを設けたり、自由な雰囲気の中で意見を言えることが出来る職場環境を作るために様々な取り組みが行われている。

また、施設内での同僚関係としてだけでなく、プライベートとしての人間関係も重要であるとしている。仕事以外のことについてもお互い信頼し、相談しあう事は、職場内での円滑なコミュニケーションや人間関係につながるのである。従って、施設内外での交流の機会を増やす事は、より良い組織の文化を作るのに役立つと考えられる。

### 3. チームワーク（Teamwork）

『チームワーク』要因は、「チーム意識と連携・協力の重要性の共有」、「チームリーダーの育成」、「情報共有システムの整備」、「効果的な業務マニュアルの作動」に分けられる。

入所施設での生活支援は、高齢者の生活全般に関わる様々な専門職によって行われ、充実したサービスの提供のためには、その専門職同士の協力・連携が欠かせない。インタビューのなかでは、高齢者の生活を切れ目なくサポートするためには、複数の職員が利用者の心身の状態や介助の際の気づきなどに関するあらゆる情報をお互いに共有することが重要であると指摘している。従って、チーム内及びチーム間において情報の迅速に共有できる仕組みづくりに力を入れている施設も多かった。情報を分かち合い、協力し合うことで、よりきめ細かな気配りが出来、良いサービスにつながるという考え方がうかがえる。

また、リーダーは、チームのまとめ役として業務の分担や調整を始め、組織内の他のチームとの連携の窓口になるため、リーダーの育成はチームワークを高める重要な方法であると考え、ユニットリーダーや中間管理職の育成のための研修等に取り組んでいる施設も多くみられる。

最後に、職員皆が共通してとるべき行動や業務内容についてマニュアルを

作成し、それをチームケアの重要な方法として活用している施設が多くみられる。しかし、一部では実際に現場で的確に使われていない場合もあり、実用性の高いマニュアルの作成とともに、適切な活用方法などを工夫する施設もあった。例えば、定期的にマニュアルの更新を行ったり、マニュアルを活用した研修を行ったり、マニュアルを目に入りやすい場所に置く等の取り組みが行われていた。

表3-10　組織管理の構成要素（③チームワーク）

| No. | コード | カテゴリー |
| --- | --- | --- |
| 1 | 施設経営のスキルをチームとして身につけること(B) | チーム意識と連携・協力の重要性の共有 |
| 2 | チームとしてのサービス提供(B) | |
| 3 | チームの一員としての個人(D) | |
| 4 | チームケアの効果と重要性(F) | |
| 5 | 家族と職員が連携したターミナルケア(E) | |
| 6 | 生活のリズムに合わせた多様な専門職の関わり(F) | |
| 7 | 部署間の協力を促すリーダーの役割(E) | チームリーダーの育成 |
| 8 | チームリーダーの育成(C) | |
| 9 | チームのまとめ役の必要性(A) | |
| 10 | 他部署との情報の共有及び協力(F) | 情報共有システムの整備 |
| 11 | サービス評価の結果を用いた意見共有(F) | |
| 12 | 情報の迅速な共有による効率化と効果性(E) | |
| 13 | 管理職及び全職員が情報の発信・共有・確認(E) | |
| 14 | 情報ネットワークシステムを活用した情報の共有(E) | |
| 15 | マニュアルの充実と共有化・簡略化(E) | 効果的な業務マニュアルの作成 |
| 16 | ケアの標準化のためのマニュアルの作成(F) | |
| 17 | マニュアルの更新を通じた業務プロセスの明確化(E) | |

### 4. 人事労務管理（Human Resource Management）

『人事労務管理』要因は、「職員の教育研修の必要性」「職員の教育研修の方針と方法」「人事考課制度の重要性」「新たな人事考課制度への転換」「勤務環境の改善と職務ストレス対策」の5つの要素に分けられ、大別すると、職員の教育研修、人事考課制度、勤務・職務環境の改善の3つに再分類することが出来る。

まず、「職員の教育研修の必要性」についてはほとんどの施設がその重要

性を強調しており、独自の研修方針や目的に沿った教育研修制度を設けている。教育研修を重視する理由については、職員の能力開発によるサービスの質の維持・向上、安定的な人材確保とそれによる経営効率性の向上があげられた。また、教育研修の計画的・長期的な実施や職員一人ひとりに合せた研修内容を設定するなど、施設の実情に合わせた教育研修の方針を掲げている。教育研修プログラムの例を見ると、新人/中堅職員研修のように職級で分けられたり、ヒヤリハット/重度化/感染予防/事故予防などに関する教育研修のように特定の知識やスキル開発のための研修などもあり、職員や課題に合せた教育研修が施設内外において行われていることが分かる。

次に、人事考課制度については、その重要性として、職員一人ひとりの十分な能力活用や適切な業務配置、円滑な職員の補充、職員の働く意欲の向上といった視点から言及されている。しかし、中には、介護保険制度開始以降、経営に対する危機感から人件費削減を主な戦略として進めてきたことによる人材確保の問題や職員の満足度の低下など、人事考課制度の変更による逆効果を経験している施設もあった。さらには、まだ明確な人事考課制度がさだまっていないため、今後の対策に悩んでいる施設もあった。新たな人事考課制度への転換については、給与システムや年功序列の見直し、職員のキャリア・習熟度・仕事内容の評価、職員個人の達成目標の設定と結果評価の人事考課への反映などがあげられ、これまで遅れてきた社会福祉施設の人事考課制度について見直しが進められていることが分かる。このような動きは、近年行われた、介護職員処遇改善交付金とキャリアパス構築を連動させ進められた処遇改善政策の影響とも関連しており、これを契機に長期的な視点で計画的に人事管理制度を構築しようとする意識の高まりがうかがわれる。

最後に、勤務・職務環境の改善については、職員の身体的・精神的なストレス解消のためのプログラムの導入、業務負担の軽減、安全や快適な職務環境のための施設整備などが挙げられた。人事労務管理の要素には、経済的な処遇の改善のみならず、勤務環境の改善やストレスを解消するための対策も必要であることを意味する。

表3-11　組織管理の構成要素（④人事労務管理）

| No. | コード | カテゴリー |
|---|---|---|
| 1 | 職員の技術や知識と人間性の増進(A) | 職員の教育研修の必要性 |
| 2 | 長期的な視点での費用削減と効率性(D) | |
| 3 | 刺激とチャレンジ精神の啓発(A) | |
| 4 | 専門スキルの習得によるサービスの質の確保(C) | |
| 5 | 新たな視点による学習の効果(A) | |
| 6 | 戦略的な人材育成とキャリアアップの形成(B) | |
| 7 | 新たなサービスのための企画力の啓発(F) | |
| 8 | 新しい情報や知識の習得機会の提供(A) | |
| 9 | 職員に経営観念を教育すること(C) | 職員の教育研修の方針と方法 |
| 10 | 中堅職員のマネジメント能力開発(D) | |
| 11 | 理念教育の重要性と理念の実践方法の教育(A) | |
| 12 | 独自の新人職員養成プログラムの実施(B) | |
| 13 | 新人教育の充実(B) | |
| 14 | 職員一人ひとりの能力に合せた研修(B) | |
| 15 | OJTの充実、専門技術に対する教育(B) | |
| 16 | 長期的・計画的な職員教育(B) | |
| 17 | 施設内外での研修実施と独自のプログラム(A) | |
| 18 | 新人の研究調査や能力開発研修(F) | |
| 19 | 人間関係の啓発のためのプログラムの導入(F) | |
| 20 | 中堅職員の育成プログラムの実施(D) | |
| 21 | 職員の十分な能力活用によるメリット(D) | 人事考課制度の重要性 |
| 22 | 円滑な職員の補充(B) | |
| 23 | 人件費削減のための人事考課制度の逆効果(F) | |
| 24 | 希望が持てるキャリアアップの形成(F) | |
| 25 | 人事考課制度の曖昧さの副作用(F) | |
| 26 | 人事考課制度の改善(C) | 新たな人事考課制度への転換 |
| 27 | 年功序列式の人事制度の改善(C) | |
| 28 | 職員のキャリア・習熟度・仕事の度合いの評価(E) | |
| 29 | 人事評価システムの可視化(E) | |
| 30 | 職員管理カードの活用(E) | |
| 31 | 地域性を考慮した給与(F) | |
| 32 | 給与体系の改革(F) | |
| 33 | 職員個人の達成目標の設定と結果評価(E) | |
| 34 | 職員のストレス解消プログラムの実施(A) | 勤務環境の改善と職務ストレス対策 |
| 35 | 職員の安全のための設備投資(A) | |
| 36 | 職員の福利厚生のための取り組み(C) | |
| 37 | 職員の業務負担の軽減(F) | |
| 38 | 職員向けカイロプラクティックの実施(E) | |
| 39 | 腰痛予防のためのアンケートや研修(E) | |
| 40 | 快適な職務環境の整備(A) | |
| 41 | 勤続5年の職員に対し表彰を授与(E) | |

## 第5節　考察：経営成果と組織管理要因の構成要素

図3-1は、経営成果の構成要素と組織管理要素の関係をまとめたものである。経営成果は、①組織構成員の満足、②良質なサービス提供、③継続可能な財政基盤、④地域社会への貢献によって構成される。また、それらの経営成果に影響を及ぼす組織管理要因として、①リーダーシップ、②組織文化、③チームワーク、④人事労務管理があげられた。以下では、経営成果と組織管理要因の構成要素について先行研究等における概念や知見を踏まえながら考察を行った。

### 1. 経営成果の構成要素

本研究の調査結果に基づく介護老人福祉施設の目指すべき経営成果とは、①良質なサービスを提供すること、②職員が満足して働けること、③地域社会に貢献すること、④これらのために安定した財政基盤を確保することである。また、このような活動は結果として自分たちの社会福祉法人の使命を果たすための活動であり、その機能を円滑に遂行するためには、上記の4つの経営指標のバランスが取れた管理をすることがその前提である。

さらに、4つの構成要素は、独立して存在するものではなく、お互いに関連している。例えば、職員の満足は離職を防ぎ安定的な人材確保につながり、それはサービスの質の維持・向上を促す。また、地域社会への貢献は、社会福祉法人の本来の役割であり、それを果たすことは社会福祉法人の存在意義を示すことであるが、行政からの信頼や地域住民の協力や寄付を促すことによって、事業の安定的な運営のための資金確保にも寄与する。さらに、持続可能な財政基盤は、職員の給与や福利厚生の向上または良質なサービス提供の原動力になるなど、構成要素はお互いに関連し合っているのである。従って、4つの構成要素のバランスが取れた経営管理をすることが経営成果の高い経営と言える。

以上の介護老人福祉施設の経営成果に関する認識は、施設によって4つの

第 3 章　介護老人福祉施設の経営成果と組織管理の構成要素

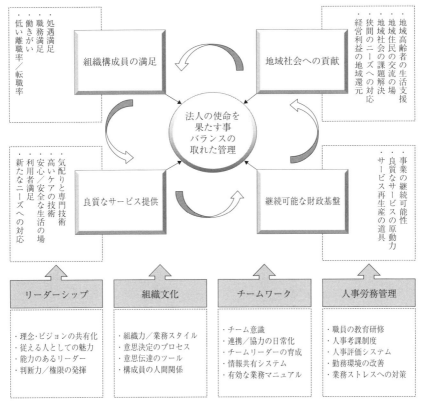

図 3-1　経営成果の構成要素と組織管理要因の関係

　構成要素の位置づけや優先順位は異なるものの、各要素についてその重要性が強調されている。中でも地域社会への貢献については、他の要素よりその重要性を強く認識している。その背景には、近年のイコールフィッティング論や内部留保が社会的に注目を集めるなか、地域社会への貢献が社会福祉法人の存在意義を知らしめる重要な活動であるとの意識が根底にあると考えられる。しかし、多くの介護老人福祉施設では地域貢献活動の重要性を強く認識しながらも、その積極的な活動には至らない現状も見られる。インタビューの中でも、施設内のサービスの質を維持・向上するための施設内での取り組みと、地域社会のニーズ発見とその解決に結びつくサービスや事業の開

発・提供等の活動を同時に進めることの困難という経営のジレンマを抱える施設が複数見られた。施設における経営成果の理想と現実のギャップがうかがわれる。

　一方、4つの要素のバランスが取れた経営の重要性を考える際に、2007年の「コムスンの事件」からの教訓を忘れてはならない。この事件は、当時、在宅介護サービスの最大手であった㈱コムスンが意図的かつ組織的に行った不正行為、つまり架空人員配置、介護報酬の不正請求、指定の不正取得などが発覚し、全事業所の指定取り消しを受け業界から退出した事件である。この事件は、当時、全国約6万人に上る多くの利用者に被害を与え、社会的にも大きな衝撃を与えた[1]。営利企業の介護市場への参入、それ自体が悪いとは決して言えない。この事件の根本的な背景には、誤った経営成果の設定という問題がある。つまり、コムスンは経営成果の基準となるヒト・モノ・カネのバランスが極端に偏っていた。カネに経営の視点が集中しすぎたあまりに、不正な手段を使ってまでそれを追求しようとしたのである。社会福祉施設の経営における適切な経営理念や成果の設定の重要性がここにある。

### 2. 組織管理要因の構成要素

　次に、介護老人福祉施設の経営成果に影響を及ぼす組織管理の要素として、①リーダーシップ、②組織文化、③チームワーク、④人事労務管理が挙げられた。以下では、各要素について、研究結果を振り返りながら考察を行った。

#### 1) リーダーシップ (Leadership)

　どの組織においてもリーダーの力量は組織の成果を導く重要な要素と理解される。フィードラーによれば、状況に応じた有効なリーダーシップが発揮できるためには、①組織成員とリーダーの間の信頼関係が良好であること、②目標が明確で意思決定が論理的であること、③公式の権限や職位に基づくパワーが強力あることが必要であるとされる（Fiedler1967：山田 1970）。

　介護老人福祉施設においても、トップリーダーである施設長と中間管理職の適切なリーダーシップの発揮は、事業の実施における職員の権限や役割の

管理、適切な業務配分、人事労務管理の面から大変重要な要素である。さらに、介護のような感情労働の分野においては、労働の対価としての経済的な報酬のみでなく、業務のやりがいや使命感が仕事のモチベーションにつながることから、職員との円滑なコミュニケーションによる信頼関係の形成や、業務の目標・プロセスを明確にすること、事業のミッションや組織のビジョンを示すことなどがリーダーの役割として求められる。

2) 組織文化（Organizational Culture）

組織文化とは、組織成員の間で共有されている行動原理や思考様式等を意味し、個々人の価値観が組織内に融合化されることで形成される。また、組織文化は、組織成員にとっては当たり前のものになっているため、普段は意識されないが、実際にはメンバーの行動に大きな影響を与える（佐藤 2011：207）。

本研究においては、組織文化の内容として、①組織力と業務スタイルの伝授、②意思決定のプロセスと方法、③公式的・非公式的な人間関係の三つの側面から規定された。つまり、①長年にわたり蓄積された組織の知識とノウハウ、そして組織に適した業務スタイルが組織内で継続して引き継がれること、②管理職と職員あるいは職員間における意思疎通及び意思決定が円滑に行われること、③職員同士の業務内外における良好な人間関係が形成できていることによって組織文化の強みが活かされ、それが経営成果につながることを意味する。

3) チームワーク（Teamwork）

チームワークとは、チーム（組織）内での情報共有や活動の相互調整のために行われる対人的行動の総体を意味する（Dickinson & McIntyre 1997）。チームワークを促進する要因としては、「チームの志向性」、「チーム・リーダーシップ」、「コミュニケーション」があげられる（三沢ら 2009：221）。まずチームの志向性とは、チーム内で良好な対人関係を維持し、職務に積極的に取り組もうとする態度である。次に、チーム・リーダーシップは、チーム内

でリーダーの役割を担う人物がメンバー間の相互作用に対して発揮する影響力を指す。最後のコミュニケーションは、報告や連絡など、情報を伝達するための行動であり、チームワークの他の要素を相互に結び付ける重要な働きを担っている。

　介護老人福祉施設においては、主なスタッフとして介護職と看護職が、それぞれの専門性を活かしながら一つのチームを成している。また、施設によっては、ユニットを一つの単位として小チームと呼ぶことも出来よう。本研究では、チームワークについて、①チーム意識と連携・協力の重要性の共有、②チームリーダーの育成、③情報共有システムの整備、④効果的な業務マニュアルの作動によって規定された。三沢らが説明する三つの要素を追認する結果と言える。なお、④の効果的な業務マニュアルの作動は、本研究において新たに追加されたものである。これは、パターン化されたチームの行動様式を共有する方法として、実用性の高い業務マニュアルの作成と活用が重要であることを意味するものである。

### 4）人事労務管理（Human Resource Management）

　人事労務管理は、職員を確保（採用）し、組織化（配置・育成・評価・活用）し、適切な処遇を行うことを目的とする（宮崎 2011：219）。介護は、労働集約型サービスであり、職員の質がサービスの質を左右すると言っても過言ではない。そのため、専門性やモチベーションの高い職員をどのように確保し活用するかは、施設経営の成敗を分ける大変重要な要素である。

　本研究では、人事労務管理の要素として大きく、職員の教育研修（必要性、方針・方法）、人事考課（重要性、新たな人事考課制度）、勤務環境改善及び職務ストレス対策という三つの要素に分けられた。職員の教育研修と人事考課制度に関するものには、介護保険制度の導入以後の市場環境の変化に対応するための新たな取り組みが多く挙げられている。

　例えば、教育研修においては、キャリア別に段階的な研修プロセスを設けたり当該施設の実情に合わせた独自の研修プログラムを考案するなど、地域社会や利用者のニーズ、そして職場環境の変化に対応しながら独自の人材づ

くりに取り組もうとする姿勢がうかがわれる。

　また、人事考課制度については、既存の人事考課の課題として年功序列や不明確は評価方針・方法等の改善を図るべく、新たな給与体系や評価方法を取り入れている。しかし、明確な根拠や妥当な方針を持たずに単に人件費削減を目的とした人事考課制度の変更は、むしろ職員の反感や職務不満足の原因となり、むしろ副作用が生じることも指摘されている。

　一方、人事労務管理のもう一つの視点として、勤務環境の改善と職務ストレス対策の必要性が強調された。介護職員の安定的な確保が厳しくなるなか、給与のような経済的な処遇の改善のみならず、勤務環境の改善や職場における業務上の身体的・精神的ストレスを解消するための対策も必要であることを意味する。これについては多くの先行研究（小木曽ら 2010，矢冨ら 1991，高見沢ら 1994，小野寺 2007）でも、介護スタッフの労働条件やストレスが職務不満足や離職の要因であることが報告されており、人事労務管理の重要な要素として位置付けることが出来る。

### 3. 研究の限界と課題

　本研究は老人福祉施設が追求すべき経営成果と、それに影響を及ぼす組織管理の要素について、質的研究を通して探ることが出来たが、以下のような限界と課題があることも指摘しておきたい。

　まず、インタビュー対象が関東地域に限られており、地域差を考慮した分析や考察には限界があったこと、法人全体の視点と職員や利用者等の多面的な視点を反映できなかったことがあげられる。また、本稿では取り上げなかったが、介護老人福祉施設は介護保険制度下での経営であるため、介護保険関連施策の変化は経営に大きな影響を及ぼす。今後は、経営成果の影響要因として制度的な要因についても明らかにしていきたい。


注————————
1）　詳細については、服部万里子（2007）「コムスン問題が明らかにした介護保険の危機」『世界』770，131-9 と、山田雅穂（2011）「介護サービス提供主体の

多様化の機能及び継続性に求められる条件整備——コムスン事件の事例検討を通して」『社会福祉学』51 (4), 139-152. に詳しい。

## 文献

Bueno, J.Vincent, M.(1986)「Organizational culture : How important is it?」『JONA』16 (10), 15-20.（=稲田 2008「看護組織における組織文化の測定尺度の妥当性の検証——フィールド調査結果との比較から」『日本赤十字広島看護大学紀要』8, 11-19).

Lee Jung Won(2003)「高齢者福祉施設スタッフのQOL測定尺度の開発」『社会福祉学』44(1), 56-66.

F.E. Fiedler(1967)『A theory of leadership effectiveness』New York, McGraw-Hill.（=山田雄一監訳 1970『新しい管理者像の探求』, 産業能率短期大学出版部.）

稲田久美子(2008)「看護組織における組織文化の測定尺度の妥当性の検証——フィールド調査結果との比較から」『日本赤十字広島看護大学紀要』8, 11-19.

笠原幸子(2001)「介護福祉職の仕事の満足度に関する一考察」『介護福祉学』8(1), 36-42.

岸本麻里(2002)「老人福祉施設における介護職者の職業継続の意志に影響を与える要因の分析」『関西大学大学院社会学部紀要』92, 103-14.

宮本恭子(2011)「介護職員の勤続年数に影響する規定要因の実証分析」『介護経営』6(1), 2-15.

高見沢恵美子・宗像恒次・川野雅資(1994)「老人福祉・医療施設職員のメンタルヘルス」『高齢社会のメンタルヘルス』155-180, 金剛出版.

佐藤郁哉(2008)『質的データ分析法——原理・方法・実践』新曜社.

佐藤秀典(2011)「IXマクロ組織論」, 高橋伸夫編『よくわかる経営管理』ミネルヴァ書房. 187-208.

山田雅穂(2011)「介護サービス提供主体の多様化の機能及び継続性に求められる条件整備——コムスン事件の事例検討を通して」『社会福祉学』51(4), 139-152.

児玉敏一(2009),「低成長・少子高齢化時代における公的組織の経営管理：須坂市営動物園の環境適応戦略から」『札幌学院大学経営論集』1, 69-80

小木曽加奈子・阿部隆春・安藤邑惠・ほか(2010)「介護老人保健施設におけるケアスタッフの仕事全体の満足度・転職・離職の要因——職務における9つの領域別満足度との関連を中心に」『社会福祉学』51(3), 103-118.

小野寺敦志・畦地良平・志村ゆず(2007)「高齢者介護職員のストレッサーとバーンアウトの関連」『老年社会科学』28(4), 464-75.

千葉正展(2006)『福祉経営論』ヘルス・システム研究所.

服部万里子(2007)「コムスン問題が明らかにした介護保険の危機」『世界』770, 131-9

福井里江・原谷隆史・外島裕・ほか(2004)「職場の組織風土の測定——組織風土尺度12項目版(OCS-12)の信頼性と妥当性」『産衛誌』46, 213-222.
矢冨直美・中谷陽明・巻田ふき(1991)「老人介護スタッフのストレッサー評価尺度の開発」『社会老年学』31, 49-59.
鈴木聖子(2005「ユニット型特別養護老人ホームにおけるケアスタッフの適応過程」『老年社会科学』26(4), 401-411.

# 第4章　介護保険制度の施策変化が経営成果に及ぼした影響

## 第1節　研究の背景と目的

　介護保険制度は、「走りながら考える」といった運営方針から、これまで数回にわたり改正が行われ、介護報酬に関しては3年ごとに改定を行うこととなっており、2012年度に4回目の介護報酬改定が行われている。また、その他にも介護保険制度の運営課題の解決や持続可能性の視点から様々な関連施策が講じられてきている。

　介護老人福祉施設の経営は、介護保険制度という一定の枠のなかでの経営であるため、介護保険制度の施策変化は経営に大きな影響を及ぼし、とくに公定価格である介護報酬の改定は経営収入の増減と直結するものである。

　これまでの介護報酬改定の動向を見ると、2003年のマイナス2.3%（在宅＋0.1%、施設−4%）に続き、2006年（2005年10月の改定を含む）にもマイナス2.4%（在宅−0.1%、施設−4%）改定が行われ、経営に大きなダメージを与えることとなった。介護保険制度の開始を前後にして、「これからは施設経営の時代だ」と叫ばれ、施設経営者たちは様々な経営の工夫をし、支出を抑えようとしたが、そのような経営努力がむしろ自らの首を絞めるような結果となり、介護報酬改定における『介護のデフレスパイラル』（千葉 2006：57）の現象が起こったのである。その後、2009年には、介護職員の処遇改善を図るため、プラス3%（在宅＋1.7%、施設＋1.3%）の改定となり、2012年度の介護報酬改定においてもプラス1.2%（在宅＋1.0%、施設＋0.2%）の改定が行われ、ある程度の経営改善の効果が期待されている。

　一方、介護老人福祉施設の経営に影響を及ぼした施策は介護報酬改定のみ

ではない。これまで介護保険制度は、施設基盤整備、職員の配置基準や設備の基準、サービスの提供などに関わる多くの関連施策を打ち出してきている。これらの施策はサービスの向上や職員の処遇改善、経営の効率化、介護保険財政の安定化など、それぞれ実施目的があり、結果として期待した効果をあげた施策ものもあれば、そうでないものもある。実際に施策の変化に対応しながら施設を経営する経営者側の立場から見ると、これまでの諸施策は経営にどのような影響を及ぼしたと評価しているのだろうか。介護老人福祉施設の経営は、介護保険制度下という見えない準市場の枠の中での施設経営であるがゆえに、自由市場のように施設にその責任や自助努力を丸投げすることはできないのである。したがって、サービスの質を担保するための適切な施設経営、またそれを支える仕組みをどう作っていくかが今後の持続可能な介護保険制度の要になると言える。

先行研究では、介護保険制度の開始前後における「サービスの内容や経営課題の比較」(須田ら 2004、永和 2008)、「介護報酬の改定が経営に及ぼした影響」(横山 2009、川瀬 2009) など、主に介護保険制度の導入による影響や介護報酬改定による影響を中心に述べられている。しかし、施設経営に影響を及ぼしたのは介護報酬改定だけではないこと、さらに制度導入から 10 年以上の年月がたったことを考えると、これまでの様々な介護保険関連施策の効果や課題を総合的に分析する必要があると考える。

従って、本研究では 4 期 12 年間にわたり打ち出されてきた介護保険制度の関連施策が果たした効果や課題は何かについて、検証することを目的としている。

## 第 2 節　介護保険制度の諸施策の分類

ここでは介護保険制度のこれまでの施策を、その創設背景や目的から、**表 4-1**のようにサービス、人材、財政、施設整備に分類し、施設経営の視点から現状を踏まえ、各施策を概説する。

第4章　介護保険制度の施策変化が経営成果に及ぼした影響

**表4-1　介護保険制度の諸施策**

| 時期 | 介護保険関連施策の変化内容 | 分類 | | | |
|---|---|---|---|---|---|
| | | サービス | 人材 | 財政 | 施設整備 |
| 第1期 | ①常勤換算方式の適用（2000年） | | ○ | | |
| | ②個室・ユニット化（2002年） | ○ | | | |
| 第2期 | ①第1回介護報酬改定（2003年） | | | ○ | |
| | ②第三者評価の実施（2004年） | ○ | | | |
| | ③施設整備補助金の交付金化（2005年） | | | | ○ |
| | ④食事・居住費の徴収開始（2005年） | | | ○ | |
| 第3期 | ①第2回介護報酬改定（2006年） | | | ○ | |
| | ②退職手当共済掛け金の変更（2006年） | | ○ | | |
| | ③介護サービス情報の公開（2006年） | ○ | | | |
| | ④地域密着型サービスの開始（2006年） | ○ | | | |
| | ⑤新予防給付の開始（2006年） | ○ | | | |
| 第4期 | ①第3回介護報酬改定（2009年） | | | ○ | |
| | ②介護基盤緊急整備等臨時特例交付金（2009年） | | | | ○ |
| | ③介護職員処遇改善交付金（2009年） | | ○ | | |
| | ④介護職員の医療行為許容（2010年） | ○ | | | |

＊筆者作成。施策の分類は、複数の項目にまたがるものもあるが、ここでは主な施策の背景や目的を中心にどちらかに振り分けている。

## 1. サービスに関わる施策

　サービスの質に関わる施策は、「個室・ユニット化」、「第三者評価」、「情報公表制度」、「新予防給付」、「地域密着型サービス」、「介護職員への医療行為の許容」などがある。

　まず、「個室・ユニット化」は、2002年度からはユニットケア型の特別養護老人ホーム（小規模生活単位型特別養護老人ホーム）に対応した施設整備費補助金が設けられ、2003年には、特養の施設基準に、従来の居室の基準に加えて「小規模生活単位型」、「一部小規模生活単位型」の基準が新設され、ユニット型が制度化されたことになった。ユニットケアは、利用者のプライバシーを確保し、サービスの個別化を促すなどサービスの質の向上が期待されるが、一方、ハードのみならず職員配置の充実も求められるため、人員増による人件費の支出も増え財政を圧迫する要因でもある。利用者側から見ると、個室・ユニットの自己負担分が多床室より高く設定され、利用における

「所得による分断」（社会保険研究所 2010）が指摘されている。

　二つ目に、「第三者評価」と「情報公表制度」は利用者に対し、サービス事業者の選択に必要な情報を提供することを目的としながらも、その活用性の問題から見直しが求められている。第三者評価は、東京都など評価に対する補助金を設けている地域以外では、その効果性は認められているものの、任意評価であるため受審率が極めて低い。また、評価の結果が掲載されているホームページなどに対する利用者本人や家族のアクセスの困難や情報の分かりにくさも制度の活性化を阻害する要素である。一方、情報公表制度は、公表手数料や調査手数料が事業者負担となる一方で、公表される情報が第三者評価などの結果と重なるため、費用負担や手続きの煩雑さの割にはその効果が曖昧な点、公表情報へのアクセスや活用性の問題などが指摘され見直しが行われている。

　三つ目に、2006 年度から「新予防給付」及び「地域密着型サービス」が創設されることによって、サービスメニューは増えたが、「予防サービスはケアマネジメントの分節化や、重度者優先のサービス提供の傾向から実質的なサービスの低下」（森 2008：125）とも言われ、「地域密着型サービス」は利用料のパッケージ化によって他のサービスとの組み合わせが困難な点などサービス利用のしづらさが指摘されている。一方、事業者側から見ると、いずれも設定された介護報酬が低いため、採算が取れず、新規参入によるサービス基盤の拡大には限界があった。つまり、「予防」や「地域密着」といった理念には賛同しながらも、実際に事業に取り組むことには戸惑いがあったと言える。

　四つ目に、「介護職員への医療行為の許容」は、介護老人福祉施設における医療依存度の高い高齢者の増加に伴い、経管栄養やたんの吸引などの医療行為の必要性から、2010 年 4 月 1 日に発出された「特別養護老人ホームでのたんの吸引等の扱いについて（通知）」に基づき、一定の要件のもとで、たんの吸引や経管栄養の処理が行えるようになった。その後、「社会福祉士及び介護福祉士法」の一部改定により、2012 年 4 月 1 日から一定条件の下で介護職員などによるたんの吸引や経管栄養の実施が正式に認められた。介

護老人福祉施設における医療的ニーズの増加に対応するために打ち出された現実的な選択と言えるが、それに対する懸念も少なくない。つまり、「介護職員に一定の医療行為を許容することによって、介護職員の身体的・精神的な負担を与えることになるため、介護事故等の恐れがある」（伊藤 2008）との批判がある。経営という観点からは、経営者側が一定のリスクを背負うことになったといえる。一方、「経管栄養やたんの吸引等の行為は、もはや医療行為ではないという立場から医療法における位置づけを変える必要がある」（菊地 2011）との指摘もある。いずれにせよ、今後、医療ニーズの更なる増加が見込まれるなか、その役割と責任、法的位置づけを明確にする必要があろう。

## 2. 人材に関わる施策

介護労働者の賃金の低さは、介護保険制度以前にも登録ヘルパーを中心に言及されていたが、介護保険制度開始以降は、非常勤やパート職員の増加がますます進み、その範囲がヘルパーのみならず、介護労働者すべてに広がることになった。それを制度的に促すこととなったのが「常勤換算法」であると言える。これは、「当該従業員のそれぞれの勤務延時間の総数を当該指定介護老人福祉施設において常勤の従業員が勤務すべき時間数で除することにより、常勤の従業者の員数に換算する方法」（宮本 2012）をいう。これにより、これまでの常勤職員を非常勤に置き換えることによって人件費を抑える道ができたのである。

一方、「社会福祉施設職員等退職手当共済制度」は、国及び都道府県が原則として社会福祉施設等職員に係る給付費の各 3 分の 1 を補助していたが、2006 年度の改正によって、介護保険における民間とのイコールフッティングの観点から、介護保険制度の対象となる高齢者関係の施設・事業についての公的助成が廃止された。それによって退職手当共済掛け金の施設側の負担率が 1/3 から 3/3 に変わり施設側の負担が急増し、新規採用の場合は加入を控えるようになった。これにより実質、社会福祉法人に属する介護労働者の処遇水準が低下することとなった。また、これまで退職手当共済掛け金があ

ることによって転職が抑えられた効果もあったが、退職手当共済掛け金に非加入の職員が比較的に増え、全体的に介護人材の流動性が大きくなったとも言える。

　このように介護保険制度開始以降、介護労働者の雇用環境はますます厳しくなり、介護人材確保の問題が連日メディアに取り上げられるなど、その深刻さが社会的に浮き彫りになった。それを踏まえ2009年、民主党政権のマニフェストとして介護人材の処遇改善が挙げられ、その後、介護職員のキャリアパスの作成を要件とした3年間の「介護職員処遇改善交付金」の実施につながった。さらに、2012年度からは介護職員処遇改善交付金の継続の必要性が謳われ、介護報酬のなかで「処遇改善加算」として続くことになった。しかし、これも3年後の次期介護保険事業計画までの時限的・臨時的な施策であるため、その後の持続可能性については保障できない不安定な対策であると言わざるを得ない。

### 3. 財政に関わる施策

　介護保険制度は、公定価格の設定と調整によって介護保険財政の持続性を図るため、介護報酬は流動的なものであり、3年ごとに介護報酬改定（以下、改定とする）が行われる。

　第1回目の2003年の改定は、介護保険制度以前の措置費及び補助金の水準と介護保険制度開始後の実質の事業費用との調整を行う意図から、マイナス2.3％（在宅＋0.1％、施設－4％）の改定を行った。これは、介護保険制度の導入と同時に求められた経営の自己努力の結果得られた収益率の分について、それを認めない形となった。

　第2回目の2006年の改定は、ホテルコストの利用者負担を求める「食事・居住費の利用者徴収」に伴う介護報酬の調整を含め、マイナス2.4％（在宅－0.1％、施設－4％）改定となり、2003年に続く連続マイナス改定となった。施設経営の時代に求められる自助努力の視点から支出を抑えるなど経営の工夫をするが、そのような経営努力がむしろ自らの首を絞めるという、介護報酬改定における『負のスパイラル』[1)]の現象が起こったのである。

第3回目の2009年の改定では、3％（在宅＋1.7％、施設＋1.3％）の改定となったが、それは介護職員の処遇改善がその主な狙いであった。つまり、これまでのマイナス改定による弊害が人件費の削減として内在化され、その歪みが介護人材確保の問題として顕在化したためである。

　第4回目の2012年の改定は全体1.2％（在宅＋1.0％、施設＋0.2％）のプラス改定となったが、施設サービスにおいては0.2％にとどまり、さらに、そのプラス分は上述した「介護職員処遇改善交付金」の移行分を含むため、実質マイナス改定と言える。

## 4. 施設整備に関わる施策

　従来は、介護老人福祉施設の建設費に対して国庫補助基準額の1/2を国が、1/4を県が補助金をだしていたが、2005年度以降、社会福祉施設等施設整備費補助負担金の制度再編により、「地域介護・福祉空間整備等交付金」と変わり、さらに特別養護老人ホームの整備に関わる「都道府県交付金」が廃止・一般財源化されたことにより、補助幅が大きく減額され、実質的には介護老人福祉施設の新設を抑制することとなった。一方、市町村による地域密着型サービス拠点の整備に介護サービスの基盤整備のシステムが転換したのである。

　しかし、2009年3月に発生した「静養ホームたまゆら」火災死傷事件をきっかけに特に低所得層の入所待機者問題の実態が社会問題として浮き彫りになり、2009年度の第一次補正において、特別養護老人ホーム、老人保健施設、認知症高齢者グループホーム等の介護基盤の緊急整備を図るため、「介護基盤緊急整備等臨時特例基金」が創設された。この施策は、2011年までの3年間で特別養護老人ホーム等、16万人分の整備目標を立てて進められた。これは、上述した2005年の「施設整備補助金の交付金化」をはじめ、施設整備を凍結させたこれまでの施策の結果、入所待機者問題やサービスインフラの地域格差等の問題が顕在化してきたことに対する緊急措置である。

## 第3節　研究方法

### 1. 調査対象と方法

2011年10月時点で、WAM-NET「介護事業者情報」に介護老人福祉施設として登録されている6,258施設より、都道府県別（宮城・岩手・福島県を除く）に1,000施設を等間隔抽出した。抽出された施設の施設長あてに、質問紙・返信用封筒を郵送し、回答した質問紙は郵送で返信してもらうように依頼した。調査の実施は、2011年11月10日から11月30日までで、265部が回収（回収率26.5％）された。その内、欠損値が多いものなどは分析対象から外し、最終的に235部のデータをSPSS 20.0を用いて分析した。

### 2. 調査項目

1）回答者の属性：性別、年齢、学歴、施設長経歴などをたずねた（**表4-2**）。

2）施設の属性：法人の設立時期、介護報酬地域区分、入所定員、財政状況などをたずねた（**表4-3**）。

3）介護保険制度の施策変化内容：2000から2011年までの介護保険制度の施策変化内容を、**表4-4**のように整理し、それぞれの施策に対して、「サービスへの影響」と「財政への影響」に分けて回答を求めた。スケールは、①

**表4-2　回答者の属性**

| 属性 | 区分 | n | ％ | 属性 | 区分 | n | ％ |
|---|---|---|---|---|---|---|---|
| 性別 | 男性 | 158 | 67.2 | 年齢 | 30代 | 14 | 6.1 |
|  | 女性 | 77 | 32.8 |  | 40代 | 27 | 11.7 |
| 施設長経歴 | 1年未満 | 28 | 12.1 |  | 50代 | 83 | 36.1 |
|  | 1年〜3年未満 | 40 | 17.3 |  | 60代以上 | 106 | 46.1 |
|  | 3年〜5年未満 | 55 | 23.8 | 学歴 | 高校卒 | 53 | 22.9 |
|  | 5年〜7年未満 | 34 | 14.7 |  | 短大・専門学校卒 | 43 | 18.6 |
|  | 7年〜9年未満 | 21 | 9.1 |  | 大学卒 | 130 | 56.3 |
|  | 9年以上 | 53 | 22.9 |  | 大学院卒 | 5 | 2.2 |

第 4 章　介護保険制度の施策変化が経営成果に及ぼした影響

表 4-3　施設の属性

| 属性 | 区分 | n | % | 属性 | 区分 | n | % |
|---|---|---|---|---|---|---|---|
| 法人の設立時期 | 1950 年代以前 | 19 | 8.6 | 入所定員 | 30～50 名 | 70 | 31.5 |
| | 1960 年代 | 16 | 7.3 | | 51～80 名 | 92 | 41.4 |
| | 1970 年代 | 27 | 12.3 | | 81～100 名 | 42 | 18.9 |
| | 1980 年代 | 48 | 21.8 | | 101 名以上 | 18 | 8.1 |
| | 1990 年代 | 58 | 26.4 | ユニットケア | ユニットあり | 74 | 34.4 |
| | 2000 年以降 | 52 | 23.6 | | ユニットなし | 141 | 65.6 |
| 介護報酬地域区分 | 特別区 | 10 | 5.1 | 財政状況 | 全くそう思わない | 37 | 16.8 |
| | 特甲地 | 27 | 13.6 | | ややそう思わない | 122 | 55.5 |
| | 甲地 | 11 | 5.6 | | ややそう思う | 55 | 25 |
| | 乙地 | 39 | 19.7 | | とてもそう思う | 6 | 2.7 |
| | その他 | 111 | 56.1 | (最近 4 年間の収益率が伸びているか) | | | |

「とてもよい影響を及ぼした」、②「ある程度良い影響を及ぼした」、③「ある程度悪い影響を及ぼした」、④「とても悪い影響を及ぼした」、⑤「該当しない」で測定した。結果の分析においては、⑤を除く①から④を使用し、その平均値の値を解釈した。値が低いほど良い影響であり、高いほど悪い影響を意味する。

## 第 4 節　介護保険制度の諸施策が施設経営に及ぼした影響

介護保険事業計画第 1 期から第 4 期までの主な施策を取り上げ、各々の施策が施設経営の財政及びサービスの質に及ぼした影響を分析した。**表 4-4 と図 4-1** は結果をまとめたものである。

### 1. 財政への影響

財政に最も良い影響を及ぼした施策は、「介護職員処遇改善交付金」（M：2.01）で、その次に「第 3 回介護報酬改定」（M：2.06）、「介護基盤緊急整備等臨時特例交付金」（M：2.13）、の順である。一方、財政に最も悪い影響を及ぼした施策は、「退職手当共済掛け金の変更」（M：3.45）で、その次に「第 2 回介護報酬改定」（M：3.39）、「第 1 回介護報酬改定」（M：3.38）、「食

表4-4 介護保険制度の施策変化が施設経営に及ぼした影響

| 財政への影響 | | | | サービスへの影響 | | | |
|---|---|---|---|---|---|---|---|
| 施策 | n | M | SD | 施策 | n | M | SD |
| 介護職員処遇改善交付金 | 211 | 2.01 | 0.73 | 介護職員処遇改善交付金 | 196 | 1.78 | 0.58 |
| 第3回介護報酬改定 | 221 | 2.06 | 0.57 | 第3回介護報酬改定 | 189 | 2.09 | 0.54 |
| 介護基盤緊急整備等臨時特例交付金 | 144 | 2.13 | 0.65 | 介護基盤緊急整備等臨時特例交付金 | 122 | 2.09 | 0.56 |
| 第三者評価の導入 | 137 | 2.36 | 0.7 | 第三者評価の導入 | 148 | 2.16 | 0.59 |
| 介護職員の医療行為許容 | 180 | 2.36 | 0.76 | 介護職員の医療行為許容 | 186 | 2.28 | 0.7 |
| 常勤換算方式の適用 | 162 | 2.44 | 0.69 | 個室・ユニット化 | 125 | 2.3 | 0.81 |
| 新予防給付の開始 | 179 | 2.59 | 0.73 | 地域密着型サービスの開始 | 105 | 2.4 | 0.73 |
| 個室・ユニット化 | 120 | 2.6 | 0.76 | 新予防給付の開始 | 167 | 2.4 | 0.68 |
| 地域密着型サービスの開始 | 105 | 2.61 | 0.82 | 介護サービス情報の公開 | 155 | 2.53 | 0.8 |
| 介護サービス情報の公開 | 164 | 2.77 | 0.89 | 常勤換算方式の適用 | 161 | 2.54 | 0.73 |
| 施設整備補助金の交付金化 | 136 | 2.84 | 0.8 | 施設整備補助金の交付金化 | 120 | 2.74 | 0.76 |
| 食事・居住費の徴収開始 | 185 | 2.91 | 0.74 | 食事・居住費の徴収開始 | 154 | 2.93 | 0.73 |
| 第1回介護報酬改定 | 195 | 3.38 | 0.7 | 退職手当共済掛け金の変更 | 141 | 3.05 | 0.82 |
| 第2回介護報酬改定 | 195 | 3.39 | 0.68 | 第1回介護報酬改定 | 166 | 3.18 | 0.73 |
| 退職手当共済掛け金の変更 | 184 | 3.45 | 0.69 | 第2回介護報酬改定 | 159 | 3.18 | 0.65 |
| 財政への影響とサービスへの影響の相関関係 | | | | 相関係数 (Pearson r) | | | |
| | | | | 0.745** | | 財政への影響 (全体) | |
| | | | | サービスへの影響 (全体) | | 0.745** | |

**：p<0.01

事・居住費の徴収開始」(M：2.91)、「施設整備補助金の交付金化」(M：2.84)の順である。特に、「退職手当共済掛け金の変更」が最も悪い影響を及ぼしたという結果は、退職金は職員の老後にもつながるため、処遇の面では大きい象徴的な意味合いを持つことから、介護報酬のマイナス改定よりも悪い影響を及ぼした施策と評価していると推察される。また、ここで注目したいのは、財政への良い影響としての「介護職員処遇改善交付金」と、悪い影響としての「退職手当共済掛け金の変更」共に、職員の処遇に関わる施策が最も影響力が大きかったことである。これは、施設経営における最も支出の大きいところが人件費であること、さらには介護職・看護職などの人材確保や育成の困難さが反映された結果であると考えられる。

## 2. サービスへの影響

サービスに最も良い影響を及ぼした施策は、「介護職員処遇改善交付金」（M：1.78）であり、その次に、「第3回介護報酬改定」（M：2.09）、「介護基盤緊急整備等臨時特例交付金」（M：2.09）、「第三者評価の実施」（M：2.16）の順である。特に、「第3回介護報酬改定」や「介護職員処遇改善交付金」等、職員の処遇改善策としての一連の施策に対する評価が高いことが分かる。一方、サービスに最も悪い影響を及ぼした施策は、「第2回介護報酬改定」（M：3.18）であり、その次に、「第1回介護報酬改定」（M：3.18）、「退職手当共済掛け金の変更」（M：3.05）、「食事・居住費の徴収開始」（M：2.93）、「施設整備補助金の交付金化」（M：2.97）の順である。

図4-1を見ると、財政への影響とサービスへの影響が連動していることが分かる。また、財政への影響とサービスへの影響における相関関係を分析

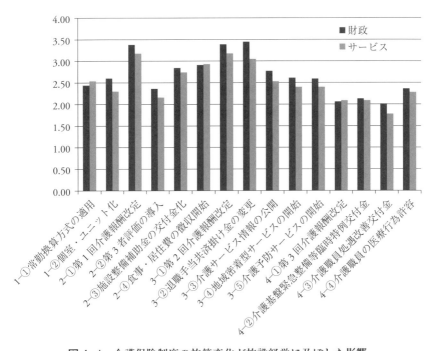

**図4-1　介護保険制度の施策変化が施設経営に及ぼした影響**

したところ、相関係数が0.745で有意な正（＋）の相関関係であることが示された（**表4-4**）。これは、介護保険施策の変化によって施設経営における財政的な影響を受けるようになると、それが直ちにサービスの質に影響を及ぼすことを意味する。したがって、サービスの質は施設経営における自己努力や自己責任に基づくものであるが、それのみでなく介護保険制度の施策によっても大きく左右されるため、適切な制度運営、施策を講じることが重要である。

## 第5節　施設の属性による財政及びサービスへの影響の度合い

**表4-5**は、施策の属性による財政及びサービスへの影響の度合いについて分析した結果である。

施設の属性による財政及びサービスへの影響の度合いは、法人の設立時期、ユニットケアの実施有無、財政状況では有意な差が認められたが、入所定員

**表4-5　施設の属性による財政及びサービスへの影響の度合い**

| 属性 | | 財政への影響 | | | | サービスへの影響 | | | |
|---|---|---|---|---|---|---|---|---|---|
| | | n | M | SD | F/t | n | M | SD | F/t |
| 法人の設立時期 | 2000年以前 | 167 | 2.62 | 0.42 | 1.94* | 161 | 2.44 | 0.41 | 1.72* |
| | 2000年以降 | 47 | 2.5 | 0.38 | | 41 | 2.32 | 0.36 | |
| 入所定員 | 30～50名 | 69 | 2.63 | 0.41 | 0.46 | 67 | 2.44 | 0.37 | 1.49 |
| | 51～80名 | 90 | 2.56 | 0.43 | | 83 | 2.38 | 0.41 | |
| | 81～100名 | 40 | 2.59 | 0.39 | | 38 | 2.37 | 0.39 | |
| | 101名以上 | 17 | 2.65 | 0.47 | | 17 | 2.59 | 0.45 | |
| ユニットケア有無 | ユニットあり | 74 | 2.53 | 0.47 | 3.37* | 68 | 2.33 | 0.44 | 4.52* |
| | ユニットなし | 141 | 2.64 | 0.39 | | 137 | 2.45 | 0.37 | |
| 介護報酬地域区分 | 特別区 | 9 | 2.58 | 0.48 | 0.34 | 9 | 2.49 | 0.47 | 0.18 |
| | 特甲地 | 25 | 2.52 | 0.48 | | 24 | 2.42 | 0.49 | |
| | 甲地 | 11 | 2.64 | 0.46 | | 11 | 2.46 | 0.35 | |
| | 乙地 | 39 | 2.64 | 0.37 | | 37 | 2.38 | 0.38 | |
| | その他 | 111 | 2.61 | 0.42 | | 106 | 2.42 | 0.4 | |
| 財政状況 | 伸びている | 60 | 2.44 | 0.45 | 3.39** | 55 | 2.3 | 0.41 | 2.46** |
| | 伸びていない | 156 | 2.65 | 0.39 | | 150 | 2.45 | 0.39 | |

＊：p<.05、＊＊：p<.01

と介護報酬地域区分では有意な差が認められなかった。具体的には、法人の設立時期では「2000年以前」（M：2.62/2.44）に設立された施設が「2000年以降」（M：2.50/2.32）に設立された施設より、介護保険施策が財政及びサービスに悪い影響を及ぼしたと評価している。ユニットケアの有無においては、「ユニットなし」（M：2.64/2.45）の施設が「ユニットあり」（M：2.53/2.33）の施設より、介護保険施策が財政及びサービスに悪い影響を及ぼしたと評価している。また、財政状況においては、最近4年間の収益率が「伸びていない」（M：2.65/2.45）施設が「伸びている」（M：2.44/2.30）施設より、介護保険施策が財政及びービスに悪い影響を及ぼしたと評価している。

## 第6節　考察：介護保険制度の諸施策が果たした効果と課題

### 1．介護保険制度の諸施策が果たした効果と課題

　本稿では、これまでの介護保険制度の諸施策が介護老人福祉施設の経営に及ぼした影響について、財政及びサービスへの影響を中心に実証分析を行った。その結果、全体的に介護報酬改正の影響が施設の経営に最も大きな影響を及ぼした施策であることが確認された。また、財政への影響が大きかった施策はサービスへの影響も大きいことが明らかになった。これは、「事業者の経営が成り立たないほど介護報酬が低ければ、民間主体の参入による競争と質の向上が図られない」（山田2011）との指摘のように、経営改善のために支出を抑えようとする経営戦略に走ることによって、サービスの質が低下する恐れがあることを示唆する結果と言える。

　また、財政とサービスへの影響において、良い影響と悪い影響ともに、人材に関わる施策の影響が大きかったことが明らかとなった。これについては、介護労働実態調査結果（介護労働安定センター2012）においても、「今の介護報酬では人材確保等に十分な賃金を払えない（53.6％）」、「良質な人材の確保が難しい（53.6％）」、「経営が苦しく、労働条件や労働環境改善をしたくても出来ない（44.2％）」等、経営における人材確保や労務管理の困難が明らかになっている。しかし、介護保険制度の関連施策の変化の中で、介護

人材の労働環境や処遇の改善等が行われにくい状況にある。これは、介護報酬の減額改定により、「赤字を解消することが最大の（経営）課題」（佐橋2008）となっていることが大きな要因であるが、その他の関連施策も背景にあると言える。本研究の分析結果では、特に「退職手当共済掛け金の変更」や「介護職員処遇改善交付金」が、最も経営への影響が大きい施策だったと評価されている。しかし、両施策の創設背景からその関係性を考えると、「退職手当共済掛け金の変更」や介護報酬の減額改定の結果としてもたらされた介護職員の処遇の低下を解決するために、「介護職員処遇改善交付金」が講じられたと言える。介護保険制度の財政的な持続可能性を保つための介護報酬の減額改定や、民間企業との経営条件を整えるためのイコールフッティング施策などによって、施設側は防衛的な経営戦略をとり、人件費削減に走る結果となったのである。しかし、介護保険制度の財政的な持続可能性のみでなく、人材確保やサービスの質の管理といった、根本的な要素の持続可能性について考えなければならない。そのためには、より長期的な視点にたった介護報酬の設定や人材育成施策などを講じることが求められる。

　このような傾向は、施設整備においても同様の結果が示された。つまり、「施設整備補助金の交付金化」によって介護老人福祉施設などの整備を抑えたことによって、入所待機者問題やサービスインフラの地域格差などがより深刻化し諸問題が生じてから、その緊急対策として「介護基盤緊急整備等臨時特例交付金」などが行われたのである。このように、これまでの介護保険制度は、長期的な視点が足りず、事後的かつ臨機応変的な特徴が強いと言わざるを得ない。

　一方、介護保険制度の諸施策の影響は施設の属性によって、その度合いが異なることが明らかになった。まず、法人の設立時期によっては、「2000年以前」設立された施設が「2000年以降」設立された施設より、諸施策が財政及びサービスに悪い影響を及ぼしたと評価している。介護保険法以前に設立された施設は、雇用形態の点では長期安定雇用を継承している職員が多いため、この点でのフレキシビリティが低いと同時に、措置時代の運営方法を引きずっている点もあると考えられる。また、施設の老朽化のため建て替え

の時期を迎える施設も多く、財政的に厳しい状況の中で介護報酬の減額改定や補助金の削減、人材確保と関わる施策の変化などは施設経営における大きな危機感をもたらしたと言えよう。二つ目に、ユニットケアの有無によっては、「ユニットなし」の施設が「ユニットあり」の施設より、介護保険施策が財政及びサービスに悪い影響を及ぼしたと評価している。これは、2002年以降、介護保険制度における「個室・ユニット化」が進められた背景もあり、上記の設立時期とも関係していると考えられるが、その他にも既存の施設の場合はユニットケアの環境を整えるだけの財政状況や、本体の社会福祉法人の規模とも関連していると推察される。最後に、収益率によっては、最近4年間の収益率が「伸びていない」施設が「伸びている」施設より、介護保険施策が財政及びービスに悪い影響を及ぼしたと評価している。収益率は施策の財政やサービスへの影響に対応しながら施設を経営してきた結果であり、収益率が伸び悩んでいる施設ほど、諸施策の変化にさらされやすく、安定的な経営をすることが難しい状況にあることが窺える。一方、収益率が伸びている施設は、介護保険制度の施策変化に適応するために経営革新を進めた結果とも言えるが、一方では、それぞれの求めるべき経営成果の本質の違いから生じた経営戦略の相違の結果とも言えよう。

　全ての介護老人福祉施設は、同じ介護保険制度下で経営活動をし、平均的には収益率が一定以上という安定したサービス提供環境に見えるが、そこには設立時期や施設類型、財政状況などの違いによる格差が存在する。各施設の経営のノウハウの蓄積状況や組織基盤の違いも考えると、その格差は今後さらに広まるであろう。そのような格差は財政のみならずサービスの質とも関係するため、それらの格差を埋めるための施策が求められる。

　前述の通り、介護老人福祉施設は一定の条件を持つ準市場の枠での経営であり、変化する経営環境に適した経営の条件を制度側が整備していかなければならない。サービスの質の維持・向上を施設経営の責任のみに委ねるのではなく、自己管理による持続可能な経営を支えていくことが、今後さらに求められる介護保険制度の役名であろう。

## 2. 本研究の限界と課題

 以上、本研究は量的分析に基づき、介護保険制度の諸施策が施設経営に及ぼした影響を明らかにし、若干の考察を行ったが、幾つかの課題も残されている。まず、本研究は全国調査に基づいた実証分析であるが、分析対象が235人と必ずしも多いとは言えず、さらに大都市部と地方の人件費や物価などの違いが経営に及ぼす影響が大きいことを考えると、この結果を全国の意見として単純に一般化するには限界がある。二つ目に、諸施策の財政やサービスへの影響を施設長の主観的な判断に頼っているため、施設経営側の論理が強いことと、サービスに関しては利用者や第三者機関からの評価が必要であるが、それができなかったことは本研究の限界と言える。今後は、これらの限界を補完しながら、量的調査に加えインタビューなどを用いてより議論を深めていきたい。

## 文献

伊藤周平(2010)「介護保険制度の課題と改革の方向性」『総合社会福祉研究』37, 19-27.

永和良之助(2008)「介護保険制度下における社会福祉法人の経営変化」『佛教大学社会福祉学部論集』4, 19-36.

横山純一(2009)「介護従事者の賃金労働条件改善の取り組みと課題——介護報酬改定(2009年4月実施)と介護職員処遇改善交付金を中心に」『自治総研』372, 1-41.

介護労働安定センター(2012)「平成20年度介護労働実態調査結果」. http://www.kaigo-center.or.jp/report/h19_chousa_01.html(2012.11.30)

菊地雅洋(2011)『人を語らずして介護を語るな』第1版, ヒューマン・ヘルスケア・システム.

宮本恭子(2012)「介護供給システムからみた介護職員の雇用環境への影響——社会福祉法人の施設運営をとおして」『大原社会問題研究所雑誌』644, 53-68.

佐橋克彦(2008)「『準市場』の介護・障害福祉サービスへの適用」『季刊社会保障研究』44(1), 30-40.

山田雅穂(2011)「介護サービス提供主体の多様性の機能および継続性に求められる条件整備——コムスン事件の事例検討を通して」『社会福祉学』51(4), 139-152.

社会保険研究所(2010)「レポート社会福祉法人慈愛会特別養護老人ホーム富の里」『介護保険情報』123, 13.

森詩恵(2008)『現代日本の介護保険改革』第1版,法律文化社.
須田木綿子・浅川典子(2004)「介護保険制度下における介護老人福祉施設の適応戦略とジレンマ——探索的研究」『社会福祉学』45(2),46-55.
千葉正展(2006)『福祉経営論』第1版,ヘルス・システム研究所.
川瀬善美(2009)「第3回介護報酬改訂の影響と介護事業経営」『白鴎大学論集』24(1),191-220.

# 第 5 章　組織管理要因が経営成果に及ぼす影響

## 第 1 節　研究の背景と目的

　介護サービスの質の維持・向上には施設環境のようなハード面のみではなく、管理体制やマネジメント機能の強化等のようなソフト面も重要である。特に、介護はヒューマンサービスである事から職員の質がサービスの質を左右する。しかし、介護労働開発センターの調査によると介護職員の離職率は17.8％と高く、その原因として勤務環境や処遇の劣悪さが指摘されている（介護労働安定センター 2011）。多くの先行研究においては介護施設職員の職場や職務に対する満足度を高めることの重要性が指摘されており、働き甲斐や職務満足を高める事が職員の離職を軽減させると報告されている（Lee2003；小木曽ら 2010）。さらに、近年においては、職務満足の影響要因に関する実証研究が多く見られる（Lee2003；井上ら 2011；宮本 2011；小木曽ら 2010）。

　先行研究を基に職務満足の影響要因を大別すると、個人的要因と組織的要因に分けることができる。個人的要因は、職務満足が個人の属性や性質の違いから起因するものであり、学歴、年齢、家族構成、心理的特性などの要因が報告されている（東條ら 1985）。組織的要因は、組織の属性や管理特性から起因するものであり、勤務環境や労働条件（東條ら 1985；小木曽ら 2010；宮本 2011）、同僚・上司との人間関係やサポート（Lee2003；鈴木 2005；笠原 2001）、意思決定方法や権限の度合い（森本 2003；宇良 1998）、リーダーの行動特性（三谷ら 2011；中野 2007；宇良 1995）、チームワーク（田尾ら 1996；山口ら 2009；三沢 2009）等の要因が報告されている。

一方、職務満足に関する研究はサービスの質を維持・向上することを前提として論じられてきたが、実際に職務満足からサービスの質への因果性が必ずしもエビデンスに基づいているとは言えない。先行研究におけるそれらの関係については、介護施設のスタッフの態度と利用者のサービス満足度との関係（神部ら 2002）、病院における看護師と患者の人間関係や、仕事に対する誇りとケアに対する評価の関係（尾崎 2003；白鳥 2009）など幾つかの研究があるが、看護領域の研究が多く、さらに上述した組織的要因までは考慮していない。

　従って、本研究では職務満足とサービスの質の因果関係を明らかにするとともに、それらに影響を及ぼす要因との関係を明らかにする。その際に、三谷ら（2011）や中野（2007）が指摘[1]しているように、個人的要因よりは組織的要因を中心に論じることとする。特に、職務満足に影響を及ぼすとされる要因の中で、組織管理における権限や影響力が強いと考えられるリーダーの行動特性と、直接サービスの提供におけるチームワークを取り上げ、それらの要因が職務満足及びサービスの質とどのように関連しているかについて、共分散構造分析を用いて検証することを目的とした。

## 第2節　先行研究における要因間の関連性

　組織的要因としてのリーダーシップやチームワークに関する研究は、企業研究からの理論的蓄積がされてきて、近年においては隣接の看護学などでも実績が多く見られるようになった。しかし、社会福祉分野におけるリーダーシップやチームワークに関する研究はまだ数少ない状況であり、特に職務満足やサービスの質との関連性を検証した研究はほとんどない。なお、これまで職務満足については多くの蓄積があり、近年においては組織管理側面に着目した研究も幾つかある。以下では、リーダーシップやチームワークと職務満足及びサービスの質に関する先行研究を概略した上で、本研究における仮説を示す。

　まず、リーダーシップに関する研究は、主に産業組織心理学分野において

多くがなされてきており（馬場ら 2005：51）、高齢者保健・福祉施設における管理・監督者のリーダーシップに関する研究は、近年その重要性の認識から幾つかの研究がなされている（宇良 1995；中野 2007；三谷ら 2011）。中野は、保健福祉施設におけるリーダーシップに関する研究において、目的達成志向（P）および集団維持（M）志向のリーダーシップが職務満足に対して有意な影響を与える事を示し、職務満足及びサービスの向上のために PM 志向の強いリーダーシップ行動が必要であると提案している（中野 2007）。このようなリーダーシップを発揮する際に、施設全体の目標・計画を理解し、日常業務の状況、利用者の状態を把握し、状況に応じた適切な判断決断を下す（小笠原 2006：126）といったような高い目標達成志向とともに、ストレスフルな対人業務に従事する介護職員に対するねぎらい、励まし、温かさや思いやりといったような人間関係面に配慮した高い集団維持志向を持つことが必要であると述べている（中野 2007：139）。また、三谷らは、特別養護老人ホームにおけるリーダーによる「配慮や励まし」、「動機づけ」といった行動が、職員の仲間関係や充実感を高めていくために必要な要素であることを明らかにしている（三谷ら 2011）。宇良は、特別養護老人ホームにおける管理者のリーダーシップと施設規模が、介護職員の経験するストレッサーや燃えつき症状に対してどのような影響を及ぼすかについて検証を行い、介護職員によって認知された管理者のリーダーシップが強力であるほど職員のストレスが低いことが示されている（宇良 1995）。

　次いで、チームワークに関する研究について概説する。チームやグループは多様なとらえ方があるが、チームとは、共通の目的、達成目標、アプローチに合意しその達成を誓い、お互いに責任を分担する補完的なスキルを持つ少人数の人たちの集まり（Katzenbach ら＝1994：55）であり、チームはグループとは異なり、協調を通じてプラスの相乗効果を生む（Robbins＝1997）ととらえられる。ソーシャルワークやヘルスケアの領域においては、組織の枠を超えた多職種間の協働やケアチームについての関心が高まり、保健医療福祉の領域におけるチームによる多職種協働の重要性が指摘されている（山口ら 2009：36）。しかし、組織内の協働、特に介護施設内のチームにおけるケ

アワーカー間の協働についての研究は、尺度開発（三沢ら2009）や探索的研究（山口ら2009）という位置づけで行われた幾つかの研究のみである。三沢らは、看護師チームのチームワーク測定尺度の開発のため、質的研究を基にして作成した尺度をアンケート調査による実証検証を行っている（三沢ら2009）。その中で、チームの志向性、チーム・リーダーシップ、チーム・プロセスは給与、職場環境、人間関係、業務内容などの職務満足の下位要因と関連性があることを明らかにしている（三沢ら2009）。また、山口らは、特別養護老人ホームにおけるケアワーカー間の協働について、施設長や職員に対するインタビュー調査による質的研究を行い、組織内における協働の状況及び関連要因を探索的に述べている（山口ら2009）。彼らによると、①ケアワーカーの協働は、ユニット型、準ユニット型、従来型など多様な形態のチーム内でみられること、②ケアワーカーの協働効果に関連する要因は、システム的要因（介護保険制度面や利用者の重度化の影響など）、組織的要因（組織構造、組織の理念、管理部門によるサポートなど）、対人関係要因（協働の意向など）として把握できることがあげられる。ケアの質の向上にむけ協働効果を高めるには、チーム内対人人間関係要因への対処だけでなく、システム的要因や特に、組織的要因を認識した上で対応策を検討することが重要であると述べている（山口ら2009）。さらに、介護施設のケアワーカーの協働効果に関連する組織的要因として「管理部門によるサポート（リーダーシップ）」要因をあげており、重層的なサポート体制、職員一人ひとりへの声かけ、リスク管理の弊害・不徹底、リーダーへのスーパービジョン、チームに関する情報の取集、現場への理解不足など組織管理者のリーダーシップの適切な発揮がチームワークを促すと述べている（山口ら2009：40）。

　他方、職務満足はサービスの質を担保するための重要な指標として使用されて来たが、職務満足とサービスの関係に関する実証研究はほとんど見ることが出来ず、看護分野の幾つの研究があるのみである。尾崎は、看護職の職務満足度と患者の満足度に相関があることを報告し、患者との関係が仕事への生きがいや喜びに通じる源であると指摘している（尾崎2003）。白鳥らは、看護師の仕事に対する誇りや看護方式に対する満足が高いほど患者のケアに

対する評価が高いことを検証している（白鳥ら 2009）。このように、職務満足がサービスの質に及ぼす影響については看護などの領域では検証が行われつつあるが、社会福祉分野においては職務満足については近年研究が進められてきたが、それが実際にサービスの質につながるのかについては論じられていない。その背景には、介護サービスは要介護度が高い利用者が多く、本人によるサービスの評価が難しいこと、また施設や職員との関係性から利用者の評価に対する遠慮が働き、結果の信頼性の確保が難しいことから、サービスの質に関する量的データがとりにくい状況が反映されていると考えられる。本研究では、サービスに関する自己評価を用いて組織管理要因及び職務満足との関連性を明らかにする事としたが、これは、組織管理要因とサービスの質を利用者側と提供者側の双方で測ることの困難さを考慮したためである。

このように、これまでの研究では、リーダーシップとチームワークが職務満足やサービスの質にそれぞれ部分的・間接的に関連していることが明らかにされている。本研究ではそれらの関連を因果関係に着目して実証的に検証することを目的とする。これにより、これまでの多くの知見をまとめ、社会福祉分野における組織管理の理論化に役立つと考える。

## 第3節　研究仮説と研究方法

### 1. 研究仮説

上述した先行研究の知見をふまえ、組織管理要因としてのリーダーシップ及びチームワークと、その結果または成果としての職務満足及びサービスの質[2]の関係に関する因果仮説モデル（**図5-1**）を構築している。

仮説①．良いリーダーシップが発揮されるほど良好なチームワークが行われる。

仮説②．良好なチームワークが行われるほど職務満足が向上される。

仮説③．良いリーダーシップが発揮されるほど職務満足が向上される。

仮説④．職務満足が高いほどサービスの質が向上される。

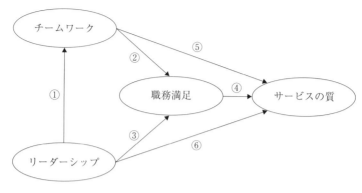

図 5-1　因果仮説モデル

仮説⑤．良好なチームワークが行われるほどサービスの質が向上される。
仮説⑥．良いリーダーシップが発揮されるほどサービスの質が向上される。

## 2．研究方法
### 1）分析対象と方法

　介護に直接関わることが少ない管理職や事務職、また看護職は分析対象から外し、介護職員 672 人を分析対象とした。

　調査対象は、全国（宮城・岩手・福島県を除く）の介護老人福祉施設に勤務している介護・看護職員とした。対象者の抽出は、2011 年 10 月時点で、WAM-NET「介護事業者情報」に介護老人福祉施設（以下、介護施設とする）として登録されている 6,258 施設より、都道府県別に 1,000 施設を等間隔抽出した。抽出された施設の施設長あてに、介護・看護職 5 人分の質問紙・返信用封筒を郵送し、配布するように依頼した。回答した質問紙は郵送で返信してもらうように依頼した。調査の実施は、2011 年 11 月 10 日から 11 月 30 日までで、回答が不十分なものを除き、最終的に 265 施設から 1105 部が回収（有効回収率 22.1％）された。その内、介護に直接関わることが少ない管理職や事務職、また看護職は分析対象から外し、介護職員 672 人を分析対象とした。

2）調査項目

（1）回答者の属性：性別、年齢、学歴、職位、職種、勤務期間などをたずねた。

（2）「リーダーシップ」に関する項目：変革的リーダーシップ理論に基づき、労働政策研究・研修機構（2003）が作成したものと、それを三谷ら（2011）が修正し使用したものを介護分野に適切な表現や用語に修正を加え使用した。本尺度は「理想化による影響」、「モチベーションの鼓舞」、「知的刺激」、「個別的配慮」[3]の4つの下位要因で構成される。本研究においては、リーダーシップの測定にあたり、施設経営の責任者としての施設長と直接サービス提供場面におけるチームリーダーである主任・ユニットリーダーの両方のリーダーシップを測定し、双方を合わせて施設の全体的なリーダーシップ状況として捉えた。そのため、職位が「一般」には主任・ユニットリーダーのリーダーシップをたずね、また「主任・ユニットリーダー」には施設長のリーダーシップについてたずねた。測定は、回答の中心化傾向を避けるために4段階リッカートスケール（1.全くそう思わない、2.あまりそう思わない、3.ややそう思う、4.とてもそう思う）で測定した（以下同様）。

（3）「チームワーク」に関する項目：三沢ら（2009）が開発した「チームワークプロセス」尺度を基に作成した。本尺度は、本来、看護師のチームワークを業務場面におけるプロセスごとに下位要因が構成されており、本調査においては介護分野に適した表現や用語に修正し使用した。本尺度は、「モニタリングと相互調整」、「業務の分析と明確化」、「知識と情報の共有」、「フィードバック」[4]の4つの下位要因で構成される。

（4）「職務満足」に関する項目：Lee（2003）が開発したQWL（Quality of Work Life）測定尺度を使用した。この尺度は、介護スタッフの職務満足の測定のため開発され、合計15項目で、「成長満足」、「同僚関係」、「上司関係」、「待遇満足」の4つの下位要因で構成される。

（5）「サービスの自己評価」に関する項目：介護施設職員のサービスの自己評価に関する尺度がないため、Parasuramanら（1998）が開発したSERVQUAL尺度[5]を参考し、ハード面の質に関する項目を除き、職員のサ

ービス提供における姿勢や態度を測る 15 項目から尺度を作成した。

3) 分析方法

データの分析は SPSS20.0 及び AMOS20.0 を用いた。分析の進め方は、まず各要因の質問項目の因子分析を通して要因の構造を確認した上で、先行研究に基づいてリーダーシップ、チームワーク、職務満足の関係に関する因果仮説モデルを作成した（**図 5-1** 参照）。次いで、共分散構造分析を行い因果関係の妥当性やパス推定値の確率及び修正指数を確認しながら最終モデルを導きだした。モデルの適合度については、GFI（Goodness of Fit Index）、AGFI（Adjusted Goodness of Fit Index）、RMSEA（Root Mean Squares Error of Approximation）を基準とした。

## 第 4 節　組織管理要因と経営成果の要因構成

### 1. 回答者の属性

**表 5-1** は、回答者の属性を示したものである。性別は女性が 455 人（67.8％）、男性が 216 人（32.2％）である。年齢は 20 代が 206 人（30.7％）、30 代が 247 人（36.9％）、40 代が 118 人（17.6％）、50 代が 87 人（13.0％）、60 代が 12 人（1.8％）である。職位は、一般が 365 人（54.3％）で主任が 307（45.7％）である。現在の職場での勤務期間は、3 年未満が 142 人

表 5-1　回答者の属性

(n = 672)

| 属性 | 区分 | n | ％ | 属性 | 区分 | n | ％ |
|---|---|---|---|---|---|---|---|
| 性別 | 女性 | 455 | 67.8 | 年齢 | 20 代 | 206 | 30.7 |
|  | 男性 | 216 | 32.2 |  | 30 代 | 247 | 36.9 |
| 勤務期間 | 3 年未満 | 142 | 21.3 |  | 40 代 | 118 | 17.6 |
|  | 3 年～6 年未満 | 210 | 31.4 |  | 50 代 | 87 | 13 |
|  | 6 年～9 年未満 | 132 | 19.8 |  | 60 代 | 12 | 1.8 |
|  | 9 年～12 年未満 | 104 | 15.6 | 学歴 | 高校卒 | 231 | 34.6 |
|  | 12 年以上 | 80 | 12 |  | 短大・専門学校卒 | 311 | 46.6 |
| 職位 | 一般 | 365 | 54.3 |  | 大学卒 | 119 | 17.8 |
|  | 主任 | 307 | 45.7 |  | その他 | 6 | 0.9 |

(21.3％)、3年〜6年未満が210人（31.4％）、6年〜9年未満が132人（19.8％）、9年〜12年未満が104人（15.6％）、12年以上が80人（12.0％）である。学歴は、高校卒が231人（34.6％）、短大・専門学校卒が311人（46.6％）、大学卒は119人（17.8％）であった。

## 2. 要因の構成と内容

### 1) リーダーシップとチームワークの要因構成

「リーダーシップ」の因子分析を行った（主因子法、プロマックス回転、以下同様）結果、13項目からなる4因子が抽出された。4つの因子について先行研究を参考にしながら、「個別的配慮」（$\alpha = .921$）、「モチベーションの鼓舞」（$\alpha = .834$）、「理想化による影響」（$\alpha = .858$）、「知的刺激」（$\alpha = .893$）と命名した。各因子のCronbach's $\alpha$ 係数は、.834〜.921で高い信頼度を示した。分類された4つの下位要因の平均値を比較すると、「モチベーションの鼓舞（M＝2.87）」、「個別的配慮（M＝2.66）」、「知的刺激（M＝2.65）」、「理想化による影響（M＝2.53）」の順で高い。モチベーションの鼓舞に関するリーダーシップは高い一方、理想化による影響に関するリーダーシップは低く評価されている。

表5-2 「リーダーシップ」と「チームワーク」の要因構成

n = 672[6]

| | リーダーシップ | M (SD) | M (SD)/$\alpha$ |
|---|---|---|---|
| 1 | 職員一人ひとりの成長に配慮しながら助言や指導をしていますか | 2.65 (0.87) | 2.66 (0.79)<br>$\alpha$：.921 |
| | 職員の意見を傾聴し、理解するよう努めていますか | 2.73 (0.90) | |
| | 職員に対して可能な限り、重要な決定に参加させるようにしていますか | 2.67 (0.84) | |
| | 日ごろから職員一人ひとりの能力や希望を知るよう努力していますか | 2.59 (0.89) | |
| 2 | 困難な利用者を引き受ける事が利用者や家族に取って有意義である事を強調している | 2.72 (0.80) | 2.87 (0.66)<br>$\alpha$：.834 |
| | 高齢者介護という仕事が社会にとって重要であることを強調している | 2.90 (0.80) | |
| | ケアの質を向上させる事が利用者や家族にとって有意義である事を強調している | 2.96 (0.79) | |

| | | | | |
|---|---|---|---|---|
| 3 | 施設の将来像に関するビジョンや計画をメンバーに提示するようにしている | 2.51 (0.84) | 2.53 (0.79) α：.858 |
| | 施設の目標達成とビジョン実現への強い自信を持っている | 2.54 (0.84) | |
| 4 | 職員に対して、色々なアイデアを数多く提案するよう励ましていますか | 2.66 (0.84) | 2.65 (0.73) α：.893 |
| | 問題に直面しても合理的な解決方法を見つけるよう職員を励ましていますか | 2.66 (0.85) | |
| | 自ら先頭に立って新しいアイデアや視点を提案していますか | 2.62 (0.89) | |
| | 慣例や習慣に捉われた考え方や行動に対して批判したり、疑問を表明するようにしていますか | 2.64 (0.75) | |
| | チームワーク | M (SD) | M (SD)/α |
| 1 | 仕事の負担が特定の職員に偏りすぎないよう、お互いに気を配っている | 3.24 (0.71) | 3.31 (0.49) α：.799 |
| | 仕事の仕方や仕事で困ったことについて、相談しあっている | 3.37 (0.66) | |
| | 仕事を一人でたくさん抱えている職員がいたら援助している | 3.33 (0.61) | |
| | 分からないことがあれば、同僚へ気軽に尋ねている | 3.48 (0.63) | |
| | お互いの都合や仕事の進み具合に合わせて仕事の仕方を工夫して調整しあっている | 3.11 (0.68) | |
| 2 | トラブルにうまく対応できたかだけでなく、どのように対応したのかと言うプロセスをお互いに重視している | 2.73 (0.70) | 2.70 (0.58) α：.798 |
| | 年間目標などのチームの長期的な活動計画を職員全員で話し合って定めている | 2.57 (0.86) | |
| | 状況に応じてチームの目標とその計画を見直すことがある | 2.67 (0.75) | |
| | 皆が納得するまで話し合っている | 2.61 (0.73) | |
| 3 | 個人の知識や技術の向上のためにアドバイスしあっている | 2.94 (0.68) | 2.98 (0.60) α：.856 |
| | 自分の経験から得た教訓や入手した情報をお互いに伝え合っている | 3.04 (0.67) | |
| | 仕事をうまく行うためのコツを伝え合っている | 2.96 (0.67) | |
| 4 | チーム内で決まりごとを守っていない職員がいたら、その場で率直に注意している | 2.73 (0.74) | 2.97 (0.57) α：.739 |
| | 介助や処置を間違って行っている職員がいたら、それを本人に教えている | 3.10 (0.66) | |
| | 問題が起きたら、すぐに報告し、チーム内での共有を図っている | 3.07 (0.71) | |

＊リーダーシップ／1：個別的配慮、2：モチベーションの鼓舞、3：理想化による影響、4：知的刺激
＊チームワーク／1：モニタリングと相互調整、2：職務の分析と明確化、3：知識と情報の共有、4：フィードバック

次に、「チームワーク」の因子分析を行った結果、15項目からなる4因子が抽出された。4つの因子について先行研究を参考にしながら、「モニタリングと相互調整」（$\alpha = .799$）、「職務の分析と明確化」（$\alpha = .798$）、「知識と情報の共有」（$\alpha = .856$）、「フィードバック」（$\alpha = .739$）と命名した。各因子のCronbach's $\alpha$ 係数は、.739～.856で高い信頼度を示した。チームワークの下位要因の平均値を比較すると、「モニタリングと相互調整（M＝3.31）」、「知識と情報の共有（M＝2.98）」、「フィードバック（M＝2.97）」、「職務の分析と明確化（M＝2.70）」の順で高い。モニタリングと相互調整は高いが、職務の分析と明確化が行われていない状況であることが伺える。

### 2）職務満足とサービスの自己評価の要因構成

「職務満足」の因子分析を行った結果、15項目からなる4因子が抽出された。4つの因子について先行研究に基づき、「成長満足」（$\alpha = .839$）、「同僚関係」（$\alpha = .850$）、「待遇満足」（$\alpha = .818$）、「上司関係」（$\alpha = .912$）と命名した。各因子のCronbach's $\alpha$ 係数は、.818～.912で高い信頼度を示した。職務満足の下位要因の平均値を比較すると、「成長満足（M＝3.27）」、「同僚関係（M＝3.01）」、「上司関係（M＝2.85）」、「待遇満足（M＝2.32）」の順で高い。仕事を通して得られる自己成長を意味する「成長満足」が最も高く、待遇満足に対する満足が最も低い事が分かる。

次に、「サービスの自己評価」の因子分析を行った結果、12項目からなる4因子が抽出された。4つの因子について先行研究に基づき、「共感性」（$\alpha = .753$）、「応答性」（$\alpha = .757$）、「信頼性」（$\alpha = .673$）、「保証性」（$\alpha = .701$）と命名した。各因子のCronbach's $\alpha$ 係数は、.673～.757で、それほど高いとは言えないが信頼度が確保されたと判断される。サービスの自己評価の下位要因の平均値をみると、「応答性（M＝3.27）」、「信頼性（M＝3.10）」、「共感性（M＝2.77）」、「保証性（M＝2.72）」の順で高く、全体的に高く評価する傾向がみられる。しかし、項目ごとに見ると、「利用者が何を必要としているかが分かる（M＝2.64）」、「利用者の質問に応えられるだけの十分な知識を持っている（M＝2.59）」などの項目については比較的低く評価している。

表 5-3 「職務満足」と「サービスの自己評価」の要因構成

n = 672

| | 職務満足 | M（SD） | M（SD）/α |
|---|---|---|---|
| 1 | 私はこの仕事を通じて人間的に成長していると思う | 3.23（0.68） | 3.27（0.54）<br>α：.839 |
| | この仕事は「やり甲斐のある仕事」だと思う | 3.32（0.72） | |
| | この仕事は私の信念・信条にかなうものである | 2.95（0.73） | |
| | この仕事で自分の持つ資格が活かせると思う | 3.13（0.76） | |
| | この仕事には幅広い知識が必要であると思う | 3.70（0.51） | |
| 2 | 私と同僚との間には信頼関係が成り立っている | 2.93（0.64） | 3.01（0.55）<br>α：.850 |
| | 私と同僚との関係は良いと思う | 3.02（0.61） | |
| | 同僚は仕事のうえで協力的であると思う | 3.17（0.64） | |
| | 職場の人間関係は良いと思う | 2.93（0.75） | |
| 3 | 仕事の成果と給料は釣り合っていると思う | 2.12（0.77） | 2.32（0.63）<br>α：.818 |
| | 給料は私の年齢や業務内容に見合っていると思う | 2.18（0.78） | |
| | 給料は同僚と比べて適当だと思う | 2.42（0.75） | |
| | 職場の福利厚生は適切だと思う | 2.56（0.82） | |
| 4 | 私と上司との関係は良いと思う | 2.91（0.70） | 2.85（0.68）<br>α：.912 |
| | 私と上司との間には信頼関係が成り立っている | 2.80（0.73） | |
| | サービスの自己評価 | M（SD） | M（SD）/α |
| 1 | 私は、利用者が何を必要としているかが分かる | 2.64（0.61） | 2.77（0.49）<br>α：.753 |
| | 私は、利用者の一番関心のあることに気をかけている | 2.75（0.61） | |
| | 私は、利用者一人一人の要望にあわせて対応している | 2.92（0.58） | |
| 2 | 私は、常に利用者の動きを見て、必要なときに力を貸そうとしている | 3.22（0.57） | 3.27（0.46）<br>α：.757 |
| | 私は、介助を行う前に、利用者に声をかけ知らせる | 3.51（0.56） | |
| | 私は、利用者に介助が必要なとき、何時も迅速に対応している | 3.07（0.58） | |
| 3 | 私は、利用者との約束の期日を守る | 3.24（0.58） | 3.10（0.47）<br>α：.673 |
| | 私は、利用者が困っているとき、親身になって心配することができる | 3.17（0.58） | |
| | 私は、提供するサービスについて正確に記録を管理している | 2.87（0.64） | |
| 4 | 私は、利用者に対して礼儀正しい言葉使いをしている | 2.78（0.68） | 2.72（0.50）<br>α：.701 |
| | 私は、利用者の質問に応えられるだけの十分な知識を持っている | 2.59（0.63） | |
| | 私は、利用者に信頼されている | 2.78（0.58） | |

＊職務満足／1：成長満足、2：同僚関係、3：待遇満足、4：上司関係
　サービスの自己評価／1：共感性、2：応答性、3．信頼性、4．保証性

## 第5節　要因間の因果モデルの提示

**表5-4**は、リーダーシップ、チームワーク、職務満足、サービスの自己評価の相関関係を示したものである。「リーダーシップ」、「チームワーク」、「職務満足」、「サービスの自己評価」の下位要因がそれぞれ関連性を持つことが確認される。なお、相関関係の確認は出来るが、それぞれの因果関係の推定には限界があるため、次いで因果仮説モデルの検証を行った。

先行研究の結果に基づいて作成したリーダーシップ、チームワーク、職務満足、サービスの自己評価に関する因果仮説モデルの共分散構造分析を行った。パスの妥当性及び修正指数を考慮しながらモデルを改良した結果、**図5-2**の最終モデルが最も妥当性が高いモデルと判断して採用した。モデルの適合度指標は、一般的にGFI、AGFIは0.9以上、RMSEAは0.08以下であればそのモデルがデータをよく説明していると判断される（田尾ら1996）。本研究ではGFIが.925、AGFIが.901、RMSEAが.071と、いずれもモデルとデータが適合していることを示す良好な結果が得られた。従って、このモデルは十分に受容できると考えられる。

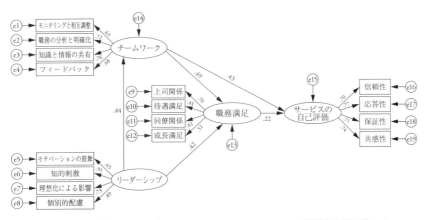

N=672、χ2=432.454（df=99、p=.000）、GFI：.925、AGFI：.901、RMSEA：.071、影響指標は標準係数：p<0.01

**図5-2　因果モデル（最終モデル）**

表 5-4 主要

| 要因 | | 1 | 2 | 3 | 4 | 5 | 6 |
|---|---|---|---|---|---|---|---|
| 1 | 個別的配慮 | 1 | | | | | |
| 2 | モチベーションの鼓舞 | .540** | 1 | | | | |
| 3 | 理想化による影響 | .637** | .580** | 1 | | | |
| 4 | 知的刺激 | .817** | .584** | .652** | 1 | | |
| 5 | モニタリングと相互調整 | .212** | .227** | .211** | .226** | 1 | |
| 6 | 職務の分析と明確化 | .351** | .359** | .376** | .352** | .464** | 1 |
| 7 | 知識と情報の共有 | .258** | .238** | .274** | .258** | .495** | .544** |
| 8 | フィードバック | .233** | .253** | .253** | .232** | .411** | .480** |
| 9 | 成長満足 | .219** | .222** | .177** | .205** | .278** | .255** |
| 10 | 同僚関係 | .247** | .202** | .169** | .237** | .382** | .341** |
| 11 | 待遇満足 | .320** | .233** | .280** | .303** | .139** | .260** |
| 12 | 上司関係 | .549** | .365** | .372** | .476** | .238** | .296** |
| 13 | 信頼性 | .219** | .193** | .189** | .175** | .254** | .310** |
| 14 | 応答性 | .192** | .189** | .176** | .176** | .297** | .267** |
| 15 | 保証性 | .161** | .143** | .162** | .119** | .170** | .243** |
| 16 | 共感性 | .130** | .159** | .197** | .128** | .262** | .285** |

**. $p<0.01$, *. $p<0.05$

　要因間の関係をみると、まず「リーダーシップ」から「チームワーク」及び「職務満足」への因果係数はそれぞれ.44 と.42 で正（＋）の因果関係であるが、「リーダーシップ」から「サービスの自己評価」へのパスは認められなかった。また、「チームワーク」から「職務満足」への因果係数は.49 で、「サービスの自己評価」への因果係数は.43 で正の因果関係であった。次いで、「職務満足」から「サービスの自己評価」への因果係数は.22 で正の因果関係であった。

## 第6節　考察：サービスの質の維持・向上のための組織管理

### 1. 要因の構成と内容

　まず、リーダーシップは「個別的配慮」、「モチベーションの鼓舞」、「理想化による影響」、「知的刺激」によって構成され、「モチベーションの鼓舞」が最も評価が高く、「理想化による影響」が最も低く評価された。このこと

## 要因間の相関

| 7 | 8 | 9 | 10 | 11 | 12 | 13 | 14 | 15 | 16 |
|---|---|---|---|---|---|---|---|---|---|
| 1 | | | | | | | | | |
| .522** | 1 | | | | | | | | |
| .317** | .263** | 1 | | | | | | | |
| .386** | .315** | .363** | 1 | | | | | | |
| .202** | .147** | .229** | .202** | 1 | | | | | |
| .296** | .254** | .316** | .457** | .284** | 1 | | | | |
| .318** | .388** | .389** | .282** | .116** | .200** | 1 | | | |
| .384** | .386** | .367** | .238** | .096** | .233** | .587** | 1 | | |
| .256** | .293** | .336** | .218** | .115** | .239** | .491** | .504** | 1 | |
| .286** | .349** | .316** | .242** | .092** | .210** | .460** | .559** | .612** | 1 |

から、介護という仕事の意義や価値などを職員に認識させ、一生懸命に仕事に取り組むことを促すモチベーションの鼓舞という面においては良好なリーダーシップが発揮されていると言える。一方、「理想化による影響」の「施設の将来像に関するビジョンや計画をメンバーに提示するようにしている」や「施設の目標達成とビジョン実現への強い自信を持っている」などの値の低さから、施設の長期的なビジョンや目標を介護職員に対し示すという側面でのリーダーシップは不足していることが伺える。これに関連して先行研究においても、介護施設職員の離職理由として、「収入の少なさ」に対する不満（20.3％）より高い 24.5％の人が「法人や施設の理念、運営に不安」を挙げており（介護労働安定センター 2011：9）、リーダーが施設の理念やビジョンを明確に職員に示すことの重要性が示唆されている。

　第二に、チームワークは、「モニタリングと相互調整」、「職務の分析と明確化」、「知識と情報の共有」、「フィードバック」によって構成される。なかでも、「モニタリングと相互調整」に対する評価が特に高く、「職務の分析と

明確化」が最も低いとされる。仕事の進捗状況を相互にモニターし、必要に応じて行われる調整行動という側面のチームワークは比較的に良好であるが、業務の長期的な計画の作成や業務プロセスの確認などは行われにくい状況が伺える。この結果は、その場での協働や手を貸すことは良好であるが、職務内容を職員間の合意により共有し、業務の明確な役割分担を行うなど、計画に基づいたチームワークの弱さを表すものではないだろうか。さらに、業務の遂行や計画のための話し合いに対する値の低さに関連して、自由記述にも人手不足や勤務シフトの違いによって話し合いの機会が少ないことが多く述べられており、組織管理面での努力だけでなく、施設の人員配置基準などの施策的な面での改善も必要であることが示唆された。

　第三に、職務満足は、「成長満足」、「同僚関係」、「上司関係」、「待遇満足」によって構成される。職務満足の内容については、成長満足が最も高く、その次に同僚や上司との人間関係の満足であり、待遇に対しては最も満足度が低いと答えた。これについては、多くの研究で仕事内容や人間関係に比し、給与や労働条件に対する満足度の低さが報告されており（介護労働安定センター 2011；小木曽ら 2010；井上 2011）、本研究の結果もそれを追認することとなった。介護という仕事のやりがいや自己成長などの魅力を感じるものの、処遇の劣悪さから離職することの多い介護施設の今日の現状を表している。

　最後に、サービスの自己評価は、「共感性」、「応答性」、「信頼性」、「保証性」によって構成される。自己評価のため全体的に高く評価する傾向はあるが、「信頼性」と「応答性」に比較して「保証性」と「共感性」が低く評価されている。このことから、決められたサービスを正確かつ迅速に提供しようとする意識は高いが、それらのサービスを提供するための知識や丁寧さ、また利用者に対する気遣いや個別的な配慮などは取り組みにくい状況が伺える。これは、介護施設における利用者の要介護度の重度化や人員不足などによる「余裕のなさ」から、介護職員が目の前の利用者への対応に追われ、利用者との信頼関係に基づく個別ケアの行われにくさを意味すると言えよう。職員が利用者と対面するときの姿勢や心構えなどはサービスの提供において何より重要であるが、それを実際により良いサービス行為として行うために

は、利用者との信頼を築くことやサービスに関する知識を習得することは欠かせない。これについて自由記述のなかで、若い職員は経験不足で自分のやり方でいいのかという不安を感じるとの意見が多く見られる。他方で年配のベテラン職員からは、世代の差による価値観の違いやコミュニケーションの難しさによって業務遂行や職員指導の大変さが述べられている。職員同士のスキルの世代伝承によるサービスの質の維持・向上という視点から、若い世代の職員とベテラン職員とで円滑なコミュニケーションが取れる職場づくりに取り組むことが重要であることを示唆している。

## 2. 組織管理要因が職務満足及びサービスの自己評価に及ぼす影響

介護施設におけるリーダーシップ、チームワーク、職務満足、サービスの自己評価の関係を先行研究の結果を基に、因果仮説モデルを作成し、共分散構造分析による検証を行った。その結果、リーダーシップがチームワークと職務満足に影響を及ぼすこと（仮設①、③）、チームワークが職務満足とサービスの自己評価に影響を及ぼすこと（仮設②、⑤）、職務満足はサービスの自己評価に影響を及ぼすこと（仮設④）が明らかになった。

一方、仮説⑥とは異なり、リーダーシップはサービスの自己評価に直接影響を及ぼす要因ではなく、チームワークや職務満足を経由して間接的に影響を及ぼすことがわかった。したがって、仮設⑥のリーダーシップのサービスの質への影響は直接には認められないものの、職員同士の協働や職務満足によって媒介されるものであると言える。

因果関係を中心に整理すると、リーダーの良好なリーダーシップの発揮は職場におけるチームワークを促し、それにより職員の職務に対する満足が高まり、より良いサービス提供につながるということになる。また、リーダーの適切な役割の遂行は、サービスの質に直接影響を及ぼすというよりは、施設の中で職員個人が行う業務をグループやチームによる協働へと促す効果を持ち、かつ職員が感じる職務満足やサービスの質を高めることとなる。

介護サービスは介護職員個人の力だけで全うできるものではなく、組織として機能することにより初めて良質な福祉サービスの提供が可能となる（小

嶋 2005：110)。ここで言う「組織として機能すること」は言い換えると、施設がチームとして円滑に業務を行うことであり、職員同士の業務の確認や分担、情報の共有やフィードバック等が必要となる。本研究では、このようなチームワークを促す要因としてリーダーの役割の重要性、つまり職員個人が行う業務をチームとしてまとまりのある協働として活かすためには、リーダーの職員に対する動機づけや知的刺激、目標や信念、個別的配慮が必要であることに対するエビデンスが示された。

　また、本研究では職務満足が（職員の自己評価による）サービスの質に影響を及ぼすという因果関係が証明された。これまではサービスの質の測定の困難さによりこのような実証検証が行われにくいため、企業や病院経営分野からの知見を借りた議論がほとんどであった。自己評価のため値が高い傾向はみられるものの、本研究は値の高低を解釈することが目的ではないため、組織的管理要因や職務満足との関係性の傾向を確認する方法としては有効であると考えられる。

### 3. サービスの質の維持・向上のための組織管理

　本稿では、介護施設における職員の職務満足及びサービスの質に影響を及ぼす要因としてリーダーシップとチームワークを取り上げ、要因間の因果関係を共分散構造分析による検証を行った。その結果、リーダーシップはチームワークを促し、またそれが職務満足及びサービスの自己評価に影響を及ぼすことが確認された。これまでの先行研究においてもそれぞれの因果関係については述べられていたが、複合的な因果関係を検証した研究はなく、本研究は介護施設の組織管理要因とその成果である職員満足やサービスの質の因果メカニズムのエビデンスを示したことは大きな成果といえよう。

　以上の結果をふまえ、介護施設におけるサービスの質の維持・向上を図るための提言を行うと、次の通りである。

　まず、介護施設におけるサービス行為は、個人単位での実践レベルではなく、施設職員同士の協働によるものでなければならない。そのためには、リーダーによる普段の介護職員からの意見を吸い上げるための工夫や、全職員

が共通の行動パターンを理解し協力および分業が出来るような行動マニュアルの作成などが必要と考える。

また、このような組織ぐるみの仕組みの改善を可能にするためには、施設長や管理職が施設の経営方針や仕事の長期的なビジョンを職員に適切に示すことが求められる。また、施設長や管理職のみならず、実際にサービスを行う単位としてのユニットやグループなどのチームリーダーの力量の向上が重要であることを踏まえ、職員研修のカリキュラムを考える際には職員のキャリアパスを考慮したリーダーシップ教育を取り入れることも有効であろう。

### 4. 研究の限界と課題

本研究の課題としては、以下のことが挙げられる。リーダーシップとチームワーク以外にも職務満足に影響を及ぼすとされる組織管理要因が存在することから、より多様な要因を考慮したモデルを構築する必要がある。さらに、今回はサービスの提供者側からの自己評価に基づいた検証であったため、利用者によるサービス評価の方法でもモデルが認められるのか確認する必要があろう。今後、これらを考慮し、介護施設の組織管理について継続的に知見を深めて行きたい。

注
1) 三谷らは、職員のバーンアウトやモチベーション低下について議論する際に、個人的要因に焦点を当てる事は、問題が個人の責任に帰すると結論付けてしまう恐れがあり、また問題は組織において起こっているため、組織的な要因をどのように改善していくのかを検討することが必要であると強調している（三谷ら 2011）。また、中野は、これまでの介護施設や職員に関する研究は、施設運営部門における組織変数の重要性にあまり目を向けられていなかったことを指摘し、組織的要因の実証検証が今後求められると述べている（中野 2007）。
2) 各要因に関する用語の操作的定義は、次の通りである。リーダーシップは、施設のビジョンや一連の目的の達成に向けて集団に対し影響を与える力として捉え、職員の模範となり、職員を束ねる力と定義する。チームワークは、

施設の業務遂行における職員同士の多面的な協働と定義する。職務満足は、職場や職務に対する心理的な満足感とする。サービスの自己評価は、職員が利用者へのサービスの提供に関わる際に感じる自分のサービスの評価と定義する。

3） 下位要因の「理想化による影響」は、フォロアーのリーダー認知に関わる要因で、リーダーの持つ能力への信頼などを内容とする。「モチベーションの鼓舞」は、フォロアーの貢献とコミットメントを引き出す情緒的な働きかけが含まれる。「知的刺激」は、旧来からの考え方に対して疑いを持ち、新しいアイデアの算出を助けるような働きである。「個別的配慮」はフォロアー一人ひとりのニーズと能力を配慮して、成熟の機会を提供することである（労働政策研究・研修機構 2003：165）。

4） 下位要因の「モニタリングと相互調整」は、各自の仕事の進捗状況を相互にモニターし、必要に応じて行われる調整行動を示す。「業務の分析と明確化」は、職務内容をメンバー間の合意により明確化する行動を示す。「知識と情報の共有」は、知識や情報の周知徹底を図る行動を示す。「フィードバック」は、間違いや問題点に関するフィードバックを示す（三沢ら 2009：223）。

5） SERVQUAL 尺度は、ヒューマンサービス領域においては医療サービスの質を測る尺度として幾つかの実証研究（中村 2007；加藤 2010）で、尺度の信頼性と妥当性が報告されている。「有形性：施設、設備、従業員の外見」、「信頼性：約束されたサービスを正確に遂行できる能力」、「応答性：顧客を助け、迅速なサービスを提供する意向」、「保証性：信用と信頼を与える従業員の知識と丁寧さ」、「共感性：顧客に対する気遣いや個人的な注意」の五つの下位要因で構成される（Parasuraman ら 1988：38-9）。本研究では、サービス行為の自己評価を測るため、施設の設備や環境などハード面の質に関する「有形性」を除き、介護分野に適した表現や用語に修正し、尺度を作成した。

6） n=672：欠損値については系列平均の置き換えにより補完してから分析を行った（以下同様）。

## 文献

Kauzenbach J. R. & Smith D.K(1993) The Wisdom of Teams, McKinsey & Company. (＝1994，吉良直人・横山禎徳『「高業績チーム」の知恵——企業を革新する自己実現型組織』）』ダイヤモンド社．)

Lee　Jung-won(2003)「高齢者福祉施設スタッフの QOL 測定尺度の開発」『社会福祉学』44(1), 56-66.
Parasuraman, A., Zeithaml, V.A. and Berry, L.L.(1988), SERVQUAL：a multi-item scale for measuring consumer perceptions of the service quality, Journal of Retailing, 64(1), 12-40.
Robbins, S.P.(1997) Essentials of Organization Behavior, 5th Ed., Prentice-Hall.（= 1997, 高木晴夫監訳『組織行動のマネジメント――入門から実践へ』ダイヤモンド社.）
井上祐子・黒木保博(2011)「Deci 理論を基盤とする高齢者福祉施設の生活相談員の職務満足に関する検討」『社会福祉学』51(4), 91-103.
宇良千秋・矢富直美・中谷陽明・ほか(1995)「特別養護老人ホームの介護職員のストレスに対する管理者のリーダーシップと施設規模の影響」『老年社会学』16(2), 164-71.
加藤淳一(2010)「歯科患者満足測定：SERVQUAL を用いた歯科サービスクオリティの決定要因の分析」『日本歯科医療管理学会雑誌』44(4), 190-200.
介護労働安定センター(2011)「平成 22 年度介護労働実態調査結果について」事業所における介護労働実態調査及び介護労働者の就業実態と就業意識調査 (http://www.kaigo-center.or.jp/report/pdf/h22_chousa_kekka.pdf, 2012.4.10).
笠原幸子(2001)「介護福祉職の仕事の満足度に関する一考察」『介護福祉学』8(1), 36-42.
宮本恭子(2011)「介護職員の勤続年数に影響する規定要因の実証分析」『介護経営』6(1), 2-15.
三沢良・佐相邦英・山口裕幸(2009)「看護師チームのチームワーク測定尺度の作成」『社会心理学研究』24(3), 219-32.
三谷伸次郎・黒田研二(2011)「特別養護老人ホームにおける介護リーダーの行動と職員のモラールとの関連について」『社会問題研究』60, 105-17.
山口麻衣・山口生史(2009)「介護施設におけるケアワーカー間の協働：組織内ケアチームに着目した分析」『ルーテル学院大学紀要』43, 35-48.
小笠原裕次(2006)「第 5 章　社会福祉施設の業務運営」新版・社会福祉学習双書編集委員会編『社会福祉施設運営論』全国社会福祉協議会, 120-9.
小嶋正(2005)「第 7 章　社会福祉施設の労務管理」宇山勝儀編『社会福祉施設経営論』光生館, 109-37.
小木曽加奈子・阿部隆春・安藤邑惠・ほか(2010)「介護老人保健施設におけるケアスタッフの仕事全体の満足度・転職・離職の要因――職務における 9 つの領域別満足度との関連を中心に」『社会福祉学』51(3), 103-18.
森本寛(2003)「高齢者施設介護職員の精神的健康に関する一考察――職務遂行形態を仕事の裁量度の視点から捉えて」『川崎医療福祉学会誌』13(2), 263-9.
神部智司・島村直子・岡田進一(2002)「施設入所高齢者のサービス満足度に関する研究――領域別満足度と総合的満足度との関連」『社会福祉学』43(1), 201-10.

中村陽人(2007)「サービス品質の測定尺度に関する実証研究――SERVQUALの再検討――」『横浜国際社会科学研究』11(6), 39-54.

中野孝之(2007)「保健福祉施設におけるリーダーシップに関する一考察――良質なサービス提供を進めるために」『社会福祉学』48(1), 130-41.

田尾雅夫・久保真人(1996)『バーンアウトの理論と実際――心理学的アプローチ』誠信書房.

東條光雅・前田大作(1985)「次元別仕事の満足度の要因分析」『社会老年学』22, 3-14.

馬場房子・岡村一成・小野幸一・ほか編(2005)『産業・組織心理学』白桃書房.

白鳥さつき・清水裕子・渡辺みどり・ほか(2009)「A病院の看護方式における看護師の職務満足と患者満足度に関する研究」『山梨県立大学看護学部紀要』11, 49-60.

尾崎フサ子(2003)「看護職員の職務満足に影響を与える看護部長の承認行為の影響」『新潟医療学会誌』117(3), 155-63.

鈴木聖子(2005)「ユニット型特別養護老人ホームにおけるケアスタッフの適応過程」『老年社会科学』26(4), 401-11.

労働政策研究・研修機構(2003)「組織の診断と活性化のための基盤尺度の研究開発」(http://db.jil.go.jp/db/seika/zenbun/E2003110011_ZEN.htm, 2012.4.10).

# 第6章　経営利益率とサービスの質関連指標との関係

## 第1節　研究の背景と目的

　介護サービスは労働集約型サービスであるため、職員の質がサービスの質と等しいとされ、介護職員の離職率の軽減や、仕事意欲の向上、研修の実施等による人材の安定的な確保及び管理が何より重要な経営管理の要素である。しかし、それとは裏腹に、経営の効率化の視点からは、労働集約型の特徴を有するがゆえに、人件費の割合が高く[1]、経営の自主努力を図ろうとしても、「他の有効な手段が見出しにくいだけに、人件費抑制に走りやすい傾向がある」（明治安田生活福祉研究所 2009：6）。

　このような状況の背景には、介護保険制度導入を前後にして始まった「施設経営」の概念の導入とともに、急変する介護市場環境に適応することが何よりの経営課題であったことや、経営者側の経営管理意識の低さなどもあり、利益を求めることが「成功した経営」だという認識の広がりがある。

　介護保険制度以前の措置制度下における特別養護老人ホームの経営は、利益の発生が生じることを認めない状況におかれていたが、介護保険制度の導入とともに行われた支出対象経費の区分管理の緩和によって、経営利益の管理に自由が与えられ[2]、「施設経営の創意工夫によって、効率的・合理的な経費管理を行うことができるようになった」（千葉 2006：56）。このような個々の施設の経営努力は、社会全体として集約してみると、介護に係る社会的費用としても有効な節約が進むことを期待したものである。なお、個々の施設の経営努力と社会的費用の節約をつなぐものは、介護報酬の単価の引き下げを媒介にしてしかありえないという落とし穴が存在する。つまり、経営

努力の結果は施設の決算の上で収支差額のプラスとして計上されるが、介護保険財政を司る行政は、施設経営の実態調査を通じて収支状況を把握し、介護保険財政の安定化を目指し、介護保険分野の中で比較的収支状況が良い分野の介護報酬単価を切り下げるというやり方をとっている。このような準市場の仕組みによって社会的資源の効率的配分につながる見方も成り立ちうるが、このような議論の中にはサービスの質の視点が欠落しやすい（千葉 2006：56-7）。

実際に介護保険制度開始以降、多くの施設では制度変化による危機感と同時に経営意識が高まり、自立した経営のための工夫を行ってきた。しかし、重なる介護報酬の減額改定のなかで、施設経営の効率を図る戦略として、職員の人件費や事業費などの経費削減を経営戦略として取り組む施設も少なくない状況であり、それによるサービスの質の低下が懸念されている。

介護保険制度の開始直後に介護老人福祉施設の施設長へのインタビュー調査を行った、須田らの研究では、介護保険制度下における介護老人福祉施設の適応方法として、職員のパート化や給与体系の改変など「人件費節約」を図っていることや、そのような人件費節約のしわ寄せによる職員の質の低下を補てんするための新たな仕組み作りや教育活動を行っている現状を明らかにしている（須田・浅川 2004）。また、同時期にいくつかの研究（松嵜 2003；古賀 2003；永和 2008）では、施設の財務分析を通して利益率と職員及びサービスの負の関係性について明らかにしている。なかでも永和は、利益率の高い施設と低い施設を比較分析し、利益率が高い施設では職員の人件費と利用者のサービス経費を極度に切り詰め利益を得ていることを明らかにし、このような施設が全国的に多く存在すると指摘している（永和 2008）。これらの研究は、介護保険制度の開始による弊害として、利益率の向上や経営の効率化といった施設の経営努力と職員の処遇やサービスの質の低下の関係について示唆しているが、いずれも特定地域に限定された事例をもった分析であったことや、調査の時期が介護保険制度の導入直後であったため、議論の普遍化にはやや限界があると考える。ほかにも山本や角谷は、規制緩和や準市場における課題を論じるなかで、介護保険制度への対応のための効率

化による「職員へのしわ寄せ」と、それによる「サービスの質の低下」の恐れがあると指摘しているが（山田 2011；角谷 2011）、必ずしもそのような主張を裏付ける客観的な根拠が示されたわけではなく、介護保険制度をめぐる近年の動向や海外での議論から導き出したものである。

本研究では、そのような議論の土台として、施設経営における利益率とサービスの質の関係について検証を行っている。また、分析結果を踏まえ、適正利益の追求の意義やそのための制度的な支援策などに関する提言を行っている。

なお、サービスの質に関しては、その客観的な測定の困難さから、本研究では、間接的な指標を用いることにする。つまり、「職員の質≒サービスの質」という考え方から、職員への投資や教育研修等を意味する「人事管理」、職員の職場や業務に対する満足の度合いである「職務満足」、自分が提供するサービス品質に対する自覚としての「サービスの自己評価」を、総体的にサービスの質を左右する指標として位置付けている。

## 第2節　経営利益率と適正利益

一方、近年においては、介護施設の利益率の在り方をめぐる議論が多く行われ、サービスの質の確保や持続的な経営の視点から適正利益[3]の確保の重要性が提起されている（小山 2006：76）。しかし、適正な利益率の具体的な数値については、サービスの提供者としての経営者側と、市場を管理する政府側とで大きな違いがある。たとえば、全国老人福祉施設協議会は、持続可能な施設経営のためには、利益率を10％程度確保することが望ましいとしているが（深瀬 2007：58；全国老人福祉施設協議会 2007）、政府による介護報酬改定は、持続可能な制度運営の観点から 2003 年と 2006 年とも減額改定を行い、その後2度にわたり多少は増額をしたものの、利益率 10％とは程遠い水準であり、一貫して利益幅を削る方向性をとっている。

両側とも持続可能性を掲げているが、それには利用者へのより良いサービスの提供という視点が反映されているのだろうか。施設側と政府側の二者関

係における利益率の増減の論理に、まずはサービスの質の維持・向上を第一に考えなければならないであろう。しかし、今まで経営者側の経営不安と政府側の制度の安定的な運営を図るなかで、「経営努力」と「介護報酬管理」が別のベクトルで論じられてきたのではないだろうか。経営努力にも限界があること、また限られた財政のなかでの介護報酬であることを折衷する形での両者の合意が求められると考えられる。そのものさしとして欠かせないのがサービスの質であろう。一定以上のサービスの水準を保ちながらも、安定した施設経営ができ、かつ制度の持続性を担保するといった安定的な準市場の形成に向けて、色々な側面から論議を深めることが求められている。

## 第3節　研究仮説と研究方法

### 1. 研究仮説

研究目的に沿って幾つかの研究仮説を設定した。サービスの質の関連指標としては、人事管理の状況、職員の職務満足、職員のサービスの質の自己評価など、職員の質に関わる要素に着目する。また、利益状況については単年度の利益率[4]を用いることとする。具体的な仮説は次の通りである。

仮説①：利益率が高い施設ほど職員の処遇削減や教育研修への投資を抑える。

仮説②：利益率が高い施設ほど職員の職務満足が低い。

仮説③：利益率が高いほど職員のサービスの自己評価が低い。

### 2. 研究方法

#### 1) 分析項目

施設長と職員アンケートの結果のうち、それぞれ下記の質問項目を分析に用いた。

（1）施設長：属性（性別、年齢、施設長経歴）と施設の状況（法人の設立時期、入所定員、介護報酬地域区分、財政状況、前年度の利益率等）に関する項目。

表6-1 回答者及び施設の属性

| 対象 | 属性 | 区分 | n | % | 属性 | 区分 | n | % |
|---|---|---|---|---|---|---|---|---|
| 施設長 | 性別 | 男性 | 158 | 67.2 | 施設長経歴 | 1年未満 | 28 | 12.1 |
| | | 女性 | 77 | 32.8 | | 1年～3年未満 | 40 | 17.3 |
| | 年齢 | 30代 | 14 | 6.1 | | 3年～5年未満 | 55 | 23.8 |
| | | 40代 | 27 | 11.7 | | 5年～7年未満 | 34 | 14.7 |
| | | 50代 | 83 | 36.1 | | 7年～9年未満 | 21 | 9.1 |
| | | 60代 | 106 | 46.1 | | 9年以上 | 53 | 22.9 |
| 職員 | 性別 | 男性 | 301 | 27.5 | 勤務期間 | 3年未満 | 219 | 20.1 |
| | | 女性 | 793 | 72.5 | | 3年～6年未満 | 311 | 28.6 |
| | 年齢 | 20代以下 | 236 | 21.7 | | 6年～9年未満 | 201 | 18.5 |
| | | 30代 | 348 | 32 | | 9年～12年未満 | 174 | 16 |
| | | 40代 | 243 | 22.4 | | 12年～15年未満 | 69 | 6.4 |
| | | 50代以上 | 259 | 23.9 | | 15年以上 | 113 | 10.4 |
| 施設 | 法人の設立時期 | 1950年代以前 | 19 | 8.6 | 介護報酬地域区分 | 特別区 | 10 | 5.1 |
| | | 1960年代 | 16 | 7.3 | | 特甲地 | 27 | 13.6 |
| | | 1970年代 | 27 | 12.3 | | 甲地 | 11 | 5 |
| | | 1980年代 | 48 | 21.8 | | 乙地 | 39 | 9.7 |
| | | 1990年代 | 58 | 26.4 | | その他 | 111 | 56.1 |
| | | 2000年以降 | 52 | 23.6 | 財政状況 | 全くそう思わない | 37 | 16.8 |
| | 入所定員 | 30名以上-50名未満 | 70 | 31.5 | | ややそう思わない | 122 | 55.5 |
| | | 50名以上-80名未満 | 92 | 41.4 | | ややそう思う | 55 | 25 |
| | | 80名以上-100名未満 | 42 | 18.9 | | とてもそう思う | 6 | 2.7 |
| | | 100名以上 | 18 | 8.1 | | (最近4年間の収益率が伸びているか) | | |

(2) 職員：属性（性別、年齢、学歴、勤務期間、職位）、人事管理の状況（11項目、4件法[5]）、職務満足（15項目）、サービスの自己評価（15項目）に関する項目[6]。

2) 分析方法

本研究では施設長と職員のアンケート調査の結果を「施設単位」で分析するために、施設番号を基準に、施設長と職員の結果を一つの施設の結果としてまとめた。その際に、欠損値が多いものを除いたうえで、職員から答えら

表6-2 職員への質問項目

| 要因 | 下位要因 | 質問項目 |
|---|---|---|
| 人事管理 | 教育研修 | ①職員の新規採用は適切に行われている、②採用してから現場に入る前の事前教育が充実している、③教育・研修制度が充実している、④職務関連資格の取得に対して支援を行っている |
| | 労務管理 | ①昇格制度が整っている、②人事評価が適切に行われている、③我々の施設でのキャリアは、自分にとって有意義である、④頑張れば、それに見合う職級に就く事が出来る、⑤福利厚生制度が整っている、⑥給料と業務実績が連動している、⑦定年まで安心して働ける |
| 職務満足 | 成長満足 | ①私はこの仕事を通じて人間的に成長していると思う、②この仕事は「やり甲斐のある仕事」だと思う、③この仕事は私の信念・信条にかなうものである、④この仕事で自分の持つ資格が活かせると思う、⑤この仕事には幅広い知識が必要であると思う |
| | 同僚関係 | ①私と同僚との間には信頼関係が成り立っている、②私と同僚との関係は良いと思う、③同僚は仕事のうえで協力的であると思う、④職場の人間関係は良いと思う |
| | 待遇満足 | ①仕事の成果と給料は釣り合っていると思う、②給料は私の年齢や業務内容に見合っていると思う、③給料は同僚と比べて適当だと思う、④職場の福利厚生は適切だと思う |
| | 上司関係 | ①私と上司との関係は良いと思う、②私と上司との間には信頼関係が成り立っている |
| サービス | 自己評価 | ①私は、利用者との約束の期日を守る、②私は、利用者が困っているとき、親身になって心配することができる、③私は、利用者にとって頼りになる存在である、④私は、提供するサービスについて正確に記録を管理している、⑤私は、介助を行う前に、利用者に声をかけ知らせる、⑥私は、利用者に介助が必要なとき、何時も迅速に対応している、⑦私は、常に利用者の動きを見て、必要なときに力を貸そうとしている、⑧私は、忙しくても利用者の要望に迅速に対応している、⑨私は、利用者に信頼されている、⑩私は、利用者が安心して接することができるよう心がけている、⑪私は、利用者に対して礼儀正しい言葉使いをしている、⑫私は、利用者の質問に応えられるだけの十分な知識を持っている、⑬私は、利用者一人一人の要望にあわせて対応している、⑭私は、利用者が何を必要としているかが分かる、⑮私は、利用者の一番関心のあることに気をかけている |

れた結果を出来るだけ施設を代表するデータにするために、一施設あたり4名以上の職員が答えているケースのみを抽出して分析を行った。すなわち、

一施設あたり職員の回答数が3名以下のケースは分析対象から外し、最終的に170施設のデータが分析対象となった。

具体的な分析データは、施設長のデータからは「前年度の利益率の状況（4件法：1.赤字、2. 0～5％、3. 6～10％、4. 11％以上）」を用いて、職員のデータからは「人事管理」、「職務満足」、「サービスの自己評価」に関する各々の尺度の職員全員の平均値を用いて分析を行った。

分析はSPSS20.0を使用して、単純集計、一元配置分散分析（ANOVA、その後の検定はTukey）、相関関係分析等を行った。

## 第4節　経営利益率とサービスの質関連指標との関係

### 1. 経営利益率の状況

調査対象施設の利益率の分布は、**表6-3**のように、約8割弱の施設が0～10％（0～5％が72施設、6～10％が62施設）の利益率を示している。一方、赤字経営をしている施設も8.2％（14施設）あり、利益率11％以上の施設も約13％（22施設）ある。このように、平均的には多くの施設が安定的な経営状況にあると言えるが、赤字経営の施設と黒字経営の施設間の両極化が存在する。

このような利益率の格差は、施設のサービスの中身にも影響を及ぼす恐れがある。特に、利益率の低下は、施設の建て替えや修繕などの減価償却費を確保しようとする経営努力がなされ、職員の賃金削減や処遇に対する支出制限等、人件費に関係する部分の支出を抑える傾向があるとされる。

表6-3　利益率の状況

| 区分（2010年度基準） | n | % | Min | Max | Mean | SD |
|---|---|---|---|---|---|---|
| 赤字 | 14 | 8.2 | -18.4 | 17.3 | 5.92 | 3.77 |
| 0～5％ | 72 | 42.4 | | | | |
| 6～10％ | 62 | 36.5 | | | | |
| 11％以上 | 22 | 12.9 | | | | |
| 合計 | 170 | 100 | | | | |

これを踏まえ、次項では利益率の違いによる人事管理の状況、職員の職員満足およびサービスの自己評価の違いについて具体的に分析を行った。

2. 利益率と人事管理の関係

利益率による人事管理の違いを分析した結果（**表6-4、図6-1**）、「労務管理」は利益率による有意な差は認められなかったが、「教育研修」は有意差が認められた。

**表6-4　利益率による人事管理の違い**

| 要因 | 区分 | n | M | SD | F | Tukey |
|---|---|---|---|---|---|---|
| 教育研修 | 赤字（A） | 14 | 2.3 | 0.39 | 2.546* | C＞A<br>C＞D |
| | 0～5％（B） | 72 | 2.52 | 0.48 | | |
| | 6～10％（C） | 62 | 2.61 | 0.39 | | |
| | 11％以上（D） | 22 | 2.41 | 0.37 | | |
| | 合計 | 170 | 2.52 | 0.43 | | |
| 労務管理 | 赤字 | 14 | 2.32 | 0.24 | 1.390 | ― |
| | 0～5％ | 72 | 2.48 | 0.44 | | |
| | 6～10％ | 62 | 2.52 | 0.32 | | |
| | 11％以上 | 22 | 2.41 | 0.29 | | |
| | 合計 | 170 | 2.47 | 0.37 | | |

＊：$p<.05$

その後の検定（Tukey）の結果を見ると、教育研修においては、利益率「6～10％（M：2.61）」の施設が「赤字（M：2.30）」や「11％以上（M：2.41）」の施設より教育研修に対する満足が高いことが分かる。なお、労務管理においては、統計上の有意な差は認められなかったが、比較的に「赤字（M：2.32）」や「11％以上（M：2.41）」の施設がその他の施設（M：2.48～2.51）より労務管理に対する満足が低い傾向にある。

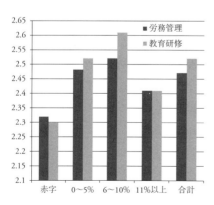

**図6-1　利益率による人事管理**

## 3. 利益率と職員の職務満足の関係

利益率による職員の職員満足の違いを分析した結果（**表6-5**、**図6-2**、**図6-3**）、職務満足の下位要因のうち、「同僚関係」と「待遇満足」で有意な差が認められた。その後の検定の結果を見ると、「同僚関係」では、利益率が「11％以上（M：2.93）」の施設が「赤字（M：3.09）」や「0〜5％（M：3.06）」の施設より満足度が低いことが分かる。また、「待遇満足」では、利益率「11％以上（M：2.20）」の施設が「0〜5％（M：2.43）」や「6〜10％（M：2.39）」の施設より満足度が低いことが分かる。

**表6-5　利益率による職務満足の違い**

| 要因 | 区分 | n | M | SD | F | Tukey |
|---|---|---|---|---|---|---|
| 成長満足 | 赤字 | 14 | 3.29 | 0.26 | 0.906 | — |
|  | 0〜5％ | 72 | 3.27 | 0.26 |  |  |
|  | 6〜10％ | 62 | 3.24 | 0.23 |  |  |
|  | 11％以上 | 22 | 3.34 | 0.22 |  |  |
|  | 合計 | 170 | 3.27 | 0.25 |  |  |
| 同僚関係 | 赤字（A） | 14 | 3.09 | 0.35 | 2.641* | A＞D<br>B＞D |
|  | 0〜5％（B） | 72 | 3.06 | 0.24 |  |  |
|  | 6〜10％（C） | 62 | 2.96 | 0.27 |  |  |
|  | 11％以上（D） | 22 | 2.93 | 0.25 |  |  |
|  | 合計 | 170 | 3.01 | 0.27 |  |  |
| 待遇満足 | 赤字（A） | 14 | 2.36 | 0.15 | 2.618* | B＞D<br>C＞D |
|  | 0〜5％（B） | 72 | 2.43 | 0.37 |  |  |
|  | 6〜10％（C） | 62 | 2.39 | 0.36 |  |  |
|  | 11％以上（D） | 22 | 2.2 | 0.3 |  |  |
|  | 合計 | 170 | 2.38 | 0.35 |  |  |
| 上司関係 | 赤字 | 14 | 2.91 | 0.42 | 0.702 | — |
|  | 0〜5％ | 72 | 2.91 | 0.34 |  |  |
|  | 6〜10％ | 62 | 2.85 | 0.35 |  |  |
|  | 11％以上 | 22 | 2.8 | 0.42 |  |  |
|  | 合計 | 170 | 2.88 | 0.36 |  |  |

＊：$p<.05$

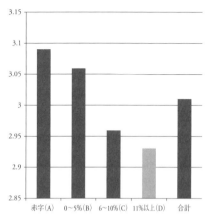

図6-2　利益率による待遇満足

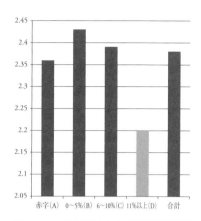

図6-3　利益率による同僚関係満足

## 4. 利益率と職員のサービスの自己評価の関係

表6-6　利益率によるサービスの自己評価の違い

| 要因 | 区分 | n | M | SD | F | Tukey |
|---|---|---|---|---|---|---|
| サービス自己評価 | 赤字（A） | 14 | 2.99 | 0.21 | 2.771* | B＞D |
| | 0～5％（B） | 72 | 3.02 | 0.17 | | |
| | 6～10％（C） | 62 | 2.96 | 0.18 | | |
| | 11％以上（D） | 22 | 2.89 | 0.23 | | |
| | 合計 | 170 | 2.98 | 0.19 | | |

＊：p＜.05

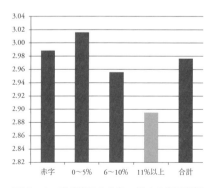

図6-4　利益率によるサービスの自己評価

利益率による職員のサービスの自己評価の違いを分析した結果（**表6-6、図6-4**）、有意な差が認められた。その後の検定の結果を見ると、利益率「11％以上（M：2.89）」の施設がその他の利益率の施設（M：2.96～3.02）よりサービスの自己評価が低いことが分かる。

## 5. 主要要因間の相関関係

表6-7は、人事管理の状況、職務満足、サービスの自己評価の要因間の関係を示したものである。人事管理、職務満足、サービスの自己評価の下位要因は、それぞれ相関関係であることが分かる（r=.143～.661）。なかでも「労務管理」と「処遇満足」は強い正（+）の相関関係であり（r=.661）、労務管理が円滑に行われるほど処遇満足が向上され傾向にあることが窺える。また、職務満足の下位要因すべてがサービスの自己評価と正の相関関係（r=.174～.378）である。なかでも「成長満足」が比較的強い相関関係（r=.378）であり、職員の自己成長を支える仕組みができている施設ほど、職員のサービスの自己評価が高い可能性が窺える。

**表6-7　要因間の相関関係**

| 要因 | 下位要因 | (1) | (2) | (3) | (4) | (5) | (6) | (7) |
|---|---|---|---|---|---|---|---|---|
| 人事管理 | 労務管理（1） | 1 | | | | | | |
| | 教育研修（2） | .727** | 1 | | | | | |
| 職務満足 | 成長満足（3） | .277** | .149* | 1 | | | | |
| | 同僚関係（4） | .217** | .302** | .185** | 1 | | | |
| | 待遇満足（5） | .661** | .467** | .286** | .161* | 1 | | |
| | 上司関係（6） | .417** | .366** | .325** | .417** | .329** | 1 | |
| サービス | 自己評価（7） | .223** | .143* | .378** | .174* | .196** | .218** | 1 |

\*\*：$p<.01$、\*：$p<.05$

このように、全体的に人事管理と職務満足及び、サービスの自己評価はお互い影響し合っている。職務満足やサービスの自己評価が人事管理の結果であるとしたら、利益率を向上させるための人事管理戦略を重視すると、それにより職員の職務満足の低下による離職や仕事意欲の低下、またそれによるサービスの質の低下を招く恐れがあると言える。

## 第5節　考察：適正利益の追求とその基準の提示を求めて

### 1. 利益率とサービスの質関連指標との関係

まず、利益率と人事管理（労務管理、教育研修）の関係である。利益率と

「教育研修」においては、利益率「6～10％」の施設が「赤字」や「11％以上」の施設より教育研修に対する満足が高いことが認められた。なお、「労務管理」においても、統計上の有意な差は認められなかったものの、「赤字」や「11％以上」の施設がその他の施設より労務管理に対する満足が低い傾向が見られた。したがって、仮説①「利益率が高い施設ほど職員の処遇削減や教育研修への投資を抑える」が部分的に支持される結果である。なお、赤字施設と高利益施設が共通して人事管理の数値が低いことについては、その原因が何かについて注意を払う必要があろう。つまり、赤字施設では利益が少ないがために投資する余裕がない可能性もあろう。一方で、高利益の施設は利益率の追求のため意図的に支出を抑制しているのかもしれない。なお、このような推論は事例調査などを通してより明確にしたうえで論じるべきと考えるため、これ以上論議をすすめることは控えることとする。

　二つ目の利益率と職務満足の関係においては、利益率と職務満足の下位要因のうち、「同僚関係」及び「待遇満足」とで有意な差が認められた。「同僚関係」では、利益率が「11％以上」の施設が「赤字」や「0～5％」の施設より満足度が低く、「待遇満足」では、利益率「11％以上」の施設が「0～5％」や「6～10％」の施設より満足度が低い結果であった。このことから、利益率が一定以上を超える高利益率の施設は、何らかの理由で、職員の職務満足が低い傾向にあると言える。したがって、仮説②「利益率が高い施設ほど職員の職務満足が低い」が部分的に支持される結果である。職務満足のうち、同僚関係と処遇に対する満足が他の利益率の施設より低い事が検証されたが、処遇に対する満足度と仕事意欲の関係、また介護労働におけるチームワークの重要性等を考えると、これらの職務不満足の要素は、長期的にはサービスの質の低下を招く恐れがあるといえる。Siegristは、職員の職務遂行のための労働や努力と、その結果として得られる報酬の不均等が深刻なストレス反応・健康問題を引き起こすことを説明した「努力―報酬不均等モデル」（Siegrist 2011）を示している。ここでは、介護老人福祉施設が経営効率化のために職員の賃金など処遇を削減しようとする自主努力の中で、このモデルで言う職務に対する努力と報酬の不均等を生み、職務満足を低下させたと推

察することができる。

　三つ目の利益率と職員のサービスの自己評価の関係においても有意な差が認められ、利益率「11％以上」の施設がその他の利益率の施設より職員のサービスの自己評価が低い結果であった。したがって、仮説③「利益率が高いほど職員のサービスの自己評価が低い」は、支持される結果と言える。この結果は、施設経営において利益率を追求する過程で、職員のモチベーションが損なわれたり、日常業務や介護の際に利用者と接する時間の少なさや、流れ作業的な業務への変質等と関連していると考えられる。

　冒頭で述べたように、いくつかの先行研究において、介護保険制度開始以降、経営の効率性が求められ、それに対応するなかで、職員へのしわ寄せやサービスの質の低下の恐れについて指摘されている（須田・浅川 2004；永和 2008；山本 2007；角谷 2011）。以上の結果は、それらの研究結果や議論を追認する形となった。具体的には、施設経営の効率化を図るなかで、一定以上の利益を超える過度な経営努力は、人材への投資を控え、職員の職務満足やサービス自己評価にも負の影響を及ぼすことが確認された。

　なお、本稿では、サービスの質そのものを測定したものではなく、それに影響を及ぼしやすいとされる間接的な指標による分析であるため、利益率とサービスの質の負の因果関係について断定するには限界があるため、今後さらなる検証と議論を深める必要がある。

## 2. 適正利益の追求とその基準の提示

　以上、施設経営において一定以上のサービスの質を保つためには一定以下の利益率を求める必要があるという、適正利益の存在可能性が示唆された。ここでは、そのような適正利益の意義とそれを支えるための制度的な支援の在り方について検討することとする。

　適正利益の水準をどの程度にするかについては、本研究では実際の利益金額を用いた分析ではないため、正確な利益率の数値を示すことはできないが、少なくとも適正利益率として「$\alpha$％」といった頭打ちの数値を設定することは可能であると考える。例えば、本研究では適正な利益率の範囲として、0

〜10％以下と設定することができる。なお、減価償却費の増加や拡大のための再投資費用等を勘案すると、0％という利益率は当然ありえないため、一定以上、つまり適正利益の範囲で利益を求めるべきである。しかし、藤井らが指摘しているように、利益を貯めこむことは社会的に正当化されにくく（藤井ら 2010：37）、利益を地域社会に還元することを前提に一定以上の利益率を創出することが認められると言える。したがって、0％という最低ラインを超える数値の利益率は、施設内で提供するサービスの質を維持・向上することはもとより、地域社会の福祉増進のための再生産費用として位置づけられるべきであり、施設や法人の経営方針の違いによって生じる地域社会への還元の水準や貢献度によって、求めうる利益率の水準の格差は当然であろう。そのような地域社会への還元や貢献度を増大することを、施設全体が合意したうえで、$\alpha$％という利益率を求めるべきである。

また、$\alpha$％以下という頭打ちの利益率の数値を超えてはいけないというわけではない。同じ資源を持って、経営努力をして出来るだけ多くの利益をあげ、あがった利益で地域社会の福祉増進に寄与することが介護老人福祉施設の経営主体である社会福祉法人としての意義と役割であろう。しかし、地域社会への還元や地域福祉活動の増進という視点と共に、施設で働く職員の処遇や利用者に提供されるサービスの質の確保が伴わなければならない。持続可能な施設経営には、財源の確保と地域社会への貢献とともに、働く人の幸せとサービスの質のそれぞれのバランスが重要であるからである。

一方、このような適正利益に関する議論は、施設側だけのものではなく、介護保険制度下における経営であるため、政府側の努力も求められる。これまで「利益率追求型経営」に走る施設側とそれをけん制するための介護報酬改定が行われたが、追求すべき利益率（適正利益）の水準に対する目安がないため、長期的な施設の経営計画を立てることができず、経営の不安から利益追求型の施設経営に走った側面があると考える。多くの施設が介護保険制度以降、経費管理の効率化を図るなかで、高い利益率を出すことを重要な経営目標としている。しかし、それに対する自己反省もしくは公益的経営を求める自生的な声も多く、高すぎる利益率を出している施設に対する批判や、

第 6 章　経営利益率とサービスの質関連指標との関係

利益追求型の企業的な事業展開をする社会福祉法人や施設に対する批判などもある。しかし、このような批判の根拠を示す事は難しく、そのものさしもない。

　したがって、法人や施設の自己制限もしくは自己管理による公益性や社会性の高い経営をしていくための客観的な基準が必要であり、そのために介護保険制度における適正利益率の提示が必要と考える。堤は、施設経営の長期的な経営戦略の困難を解決するためには、介護報酬の改定ルールにおけるマクロの指標が必要であると述べている（堤 2010：79）[7]。

　例えば、「$a$％以上の利益率はサービスの質を低下させる恐れがある」など、客観的な判断のもと、一定水準以上の利益率は施設の持続可能性を害するものとして位置づけることによって、それらのガイドラインに沿って、自己制限、自己管理できる経営につながると考える。もちろん、この$a$％の水準については議論が必要であり、決して簡単にきめられるものではないと考えられるが、少なくともモラルハザードの状態にある施設の経営を是正するだけの$a$％についての合意はそれほど難しい事ではないであろう。今後、適正利益の議論と同時にこれらに関する具体的な議論が繰り広げられることを期待する。

## 3. 研究の限界と課題

　本研究では、介護老人福祉施設の経営利益率とサービスの質の関連指標との関係を分析し、適正な利益追求の必要性やそのための制度的な支援の在り方について論じることができた。なお、次のような研究の限界もあることを指摘しておきたい。

　まず、施設長と職員のデータを一体化させて分析に用いたが、職員の場合4、5人のデータを施設全体の意見として踏まえることができるのかについては疑問が残るところである。しかし、今回の分析である程度の関係性や傾向性が見られたため、さらに職員の数を増やして代表性を向上させれば、要因間の因果関係をより明確に分析することができるということが示唆された。今後、職員の数を増やして代表性を向上させて議論を深めていきたい。二つ

目は、本研究ではサービスの質について、人事管理や職員の職務満足及びサービスの自己評価など、すべて職員の評価に基づいているが、今後、サービスの質の測定方法などの工夫を重ね、利用者や第三者によるサービスの質の評価も取り入れて議論を深めていきたい。最後に、本研究では、利益率と人事管理、職務満足、サービスの自己評価との関係のみに焦点をあてているため、他の経営管理要素との関係を見ることは出来なかった。今後、他の経営管理要素との因果関係等を考慮した調査研究を進めるとともに、今回の分析結果の妥当性や普遍性については、施設経営者へのインタビュー調査を通して検証を重ねて行く必要があると考える。

注――――――

1) 人件費率の算式は、「人件費支出額÷事業活動収額×100（％）」である。介護老人福祉施設の人件費率の平均は、2002年54.0％だったが、2010年には62.3％まで上昇し、介護報酬の減額改定とともに経営を圧迫する大きな要因となっている。しかし、一方では経営改善のため、その削減が最も取り組みやすい経営の工夫でもあると言える。

2) 介護老人福祉施設の運営費については、介護保険法の施行に伴い、従来の措置費（特別養護老人ホーム保護費負担金）から介護報酬の対象と変わった。措置費においては支出対象経費ごと（人件費、事業費、管理費）に使途制限が課されていたが、介護保険制度下においてはそのような使途制限が課されなくなった。しかし、介護老人福祉施設は、老人福祉法第20条の5に規定する特別養護老人ホームであることから、経営利益を公益事業及び収益事業に要する経費、社会福祉法人外への資金の流出、高額な役員報酬など実質的な剰余金の配当と見られる経費に充てることは禁じられている。このように、介護保険制度の導入によって利益追求の可能性は広がったが、その利益はあくまでも福祉増進に再投資されるべきものとして位置づけられている。これこそが、営利企業の経営における利益追求との違いであると言えよう。ちなみに、措置費による施設運営の時代には、施設経営者による経営の意思決定より委託者によるコントロールの力が強く、「戦後の社会福祉施設においては『経営は存在しなかった』とされた最大の原因であった」（千葉2006：42）と言われている。

3) ここでいう適正利益とは、企業の経営活動における支出の対価として発生する利益が、過大もしくは過小でない適正な利益を意味する。その具体的な基準については市場や社会の変化、または需要や供給の状況によって変動する流動的なものであり、一致した概念やそれを測るものさしが必ずしも存在するとは言い難い。それにも関わらず、企業の社会的責任や公共性、利益追求の在り方に関する論議のなかで論じられることが多い。本研究では、地域社会の福祉増進に取り組むとともに、提供されるサービスの質を保ちながら財政的にも安定した経営を持続的にすることができるような経営利益の水準を適正利益とする。
4) 本研究における利益率は、「事業活動収支差額率」を用いる。「事業活動収支差額率」の算出方法は、「事業活動収支差額（事業活動収入−事業活動支出）÷（事業活動収入−借入金元金償還補助金収入−国庫補助金等特別積立金取崩額）×100（％）」である。ここで事業活動収入には、介護福祉施設介護料、居宅介護料、居宅介護支援介護料、利用者等利用料などが含まれ、事業活動支出には人件費（職員俸給、手当、退職金、退職共済掛金、法定福利費等）、経費（直接介護費、給食材料費、介護用品費、光熱水費等）、一般管理費（福利厚生費、旅費交通費、事務消耗品費、修繕費、委託費等）、減価償却費、徴収不能額等が含まれる。介護事業経営実態調査の結果によると、全国の介護老人福祉施設の 2011 年度の利益率は、従来型が 7.3％、個室ユニット型 7.7％、一部個室ユニット型 7.0％と報告されている。
5) 測定は、回答の中心化傾向を避けるために 4 段階リッカートスケール（1. 全くそう思わない、2. あまりそう思わない、3. ややそう思う、4. とてもそう思う）で測定した（以下同様）。
6) 「人事管理の状況」に関する項目は、事前に行った施設長及び職員に対するインタビュー調査を基に自主作成したもので、因子分析の結果、「教育研修」と「労務管理」の二つの因子に分けられた。「職務満足」に関する項目は、Lee が開発した QWL（Quality of Work Life）測定尺度（Lee 2003）を使用した。この尺度は、介護スタッフの職務満足の測定のため開発され、合計 15 項目で、「成長満足」、「同僚関係」、「上司関係」、「待遇満足」の 4 つの下位要因で構成される。「サービスの自己評価」に関する項目は、介護施設職員のサービスの自己評価に関する尺度がないため、Parasuraman らが開発した SERVQUAL 尺度（Parasuraman ら 1998）を参考し、ハード面の質に関する項目を除き、職員のサービス提供における姿勢や態度を測る 15 項目から尺度を作成した。

7) この部分については査読者から、介護保険制度のような社会保険の準市場において「適正利益」がありうるのかという本質的な議論について、多様な立場からの知見を踏まえ、より議論を深める必要があるとのコメントをもらった。なお、本論文では、十分に展開することができなかったため、今後の課題としたい。

## 文献

Lee　Jung-won (2003)「高齢者福祉施設スタッフのQOL測定尺度の開発」『社会福祉学』44(1)，56-66.

Parasuraman, A., Zeithaml, V.A. and Berry, L.L. (1988)「SERVQUAL：a multi-item scale for measuring consumer perceptions of the service quality」『Journal of Retailing』64(1)，12-40.

Siegrist, J. (1996)「Adverse health effects of high-effort/low-reward conditions」『Journal of Occupational Health Psychology』1(1)，27-41.（＝2011，林直子・林民夫編著『介護労働の実態と課題』平原社）

永和良之助 (2008)「介護保険制度下における社会福祉法人の経営変化」『佛教大学社会福祉学部論集』4．19-36.

角谷快彦 (2011)「介護サービスの質改善のメカニズム──介護事業者の視点から」『社会福祉学』51(4)，128-138.

古賀理橋 (2003)「介護保険下の経営」『佐賀女子短大研究紀要』37.

山田雅穂 (2011)「介護サービス提供主体の多様化の機能及び継続性に求められる条件整備──コムスン事件の事例検討を通して」『社会福祉学』51(4)，139-152.

社会福祉法人経営研究会 (2006)『社会福祉法人の現状と課題』，全国社会福祉協議会 93-100.

小山秀夫 (2006)「マネジメントで読み解く介護保険⑱　説明責任としての適正利潤率」『介護保険情報』7(6)，76-79.

松嵜久美 (2003)「介護保険体制下の福祉施設の財務と経営──埼玉県特別養護老人ホームの2000年度の財務データの分析」『浦和論叢』30，219-249.

深瀬勝範 (2007)『社会福祉法人の事業シミュレーション・モデル』中央経済社.

須田木綿子・浅川典子 (2004)「介護保険制度下における介護老人福祉施設の適応戦略とジレンマ──探索的研究──」『社会福祉学』45(2)，46-55.

西村周三 (1997)『医療と福祉の経済システム』ちくま新書.

石倉康次 (2011)「社会福祉の新自由主義的改革と社会福祉施設・事業の経営をめぐる言説の推移」『立命館産業社会論集』47(1)，115-36.

千葉正展 (2006)『福祉経営論』ヘルス・システム研究所.

前田由美子 (2003)『診療報酬のあり方に関する一考察──再生産費用とあるべき

医療費の計算』医療総研ワーキングペーパー 79. 1-26.
全国老人社会福祉協議会(2007)『介護サービス事業の実態把握のためのワーキングチーム　ヒアリング提出資料』第3回社会保障審議会介護給付費分科会.
堤修三(2010)『介護保険の意味論——制度の本質から介護保険のこれからを考える』中央法規出版.
藤井賢一郎・柿本貴之・白石旬子(2010)「介護老人福祉施設の財務と『再生産コスト』に関する基礎研究」『介護経営』5(1). 26-38.
明治安田生活福祉研究所(2009)『介護サービス施設・事業者の効率的経営を図るための経営指標等に関する調査研究事業報告書』明治安田生活福祉研究所.

# 第7章　地域貢献活動の状況と影響要因

## 第1節　研究の背景と目的

　近年、社会福祉法人とその他の経営主体における「イコールフッティング論」や社会福祉法人の公共性・公益性に関する議論は、社会福祉法人の持つ使命や存在意義、社会福祉法人への優遇策などの根拠に対する社会的再承認を求めるものである。これまで社会福祉法人の存在意義は、地域社会における福祉増進という公益性の高い事業やサービスの提供を通じて証明されてきたと言えるが、福祉サービスの供給主体の多様化による競争の時代となり、安定した経営を前提とした従来のような地域福祉活動が行われにくい状況が多く見られる。

　介護サービスの提供システムが措置制度から介護保険制度に移行した2000年を前後とし、社会福祉法人とその他の経営主体におけるイコールフッティングの議論が繰り広げられてきた。その背景には、介護市場における多様な経営主体の参入により、これまで社会福祉法人が享受してきた優遇策に対する立場の相違がある。例えば、社会福祉法人側は、「営利企業では行うことが難しい公益性を有する社会福祉事業の適切な実施が担保できる」とし、その理由として、「①支払い能力が低い者を排除しない、②労力・コストのかかる対象者を排除しない、③制度外のニーズに対応すること」を挙げている（社会福祉法人経営研究会 2006：60-2）。それに対し、八代は、これまで営利・非営利の差は、企業と社会福祉法人等の経営形態の違いで判断されており、「公益性」は経営主体の違いではなく、事業の具体的な内容で判断すべきであること、ゆえに企業でも公益追求は可能であると指摘している

（八代 2010）。一方、山田は、利用者の多様な介護ニーズを充足するサービスの継続的かつ安定的な提供が可能であれば、提供主体は営利・非営利を問わないとしている（山田 2011：144）。このように、社会福祉法人への優遇策に対する妥当性や、それに対する批判は「公共性」に依拠しており、施設経営において公共性をどう果たすかは、社会福祉法人はもとより、公正な経営条件を求める営利組織においても重要な経営課題と言える。

　本研究では、介護老人福祉施設の今日的な役割や機能としての地域貢献活動の実態と、それに影響を及ぼす要因を明らかにし、それを踏まえ地域貢献活動を促進させるための提案を示すことを目的とした。

## 第2節　地域貢献活動の現代的意義

　介護老人福祉施設は、社会福祉法人が経営する代表的な高齢者施設であり、介護保険施設である。介護老人福祉施設は、施設内における介護サービスの提供はもとより、地域社会における重要な資源としての機能や役割を持っているとされてきた。その位置づけは、1970年代から始まった「施設の地域化（社会化）」論によってより強調されたと言える。

　施設の地域化（社会化）とは、「施設における処遇内容を向上させると共に、その置かれる地域社会の福祉ニーズを充足させるために、その施設の所有する場所・設備・機能・人的資源などを地域社会に開放・提供し、また、地域社会の側からの利用、学習・参加などの働きかけに応ずるという、社会福祉施設と地域社会との相互作用の過程」（秋山 1985）である。つまり、社会福祉法人としての福祉施設、特に入所施設が「閉鎖性」を脱皮し、地域社会における開かれた福祉資源として機能することを求めたものであり、1970年代後半から多くの議論が行われ（大橋 1978；中央共同募金会 1979；野口 1980；牧里 1983；秋山 1985；小笠原 1986 など）、近年においてもしばしば実践及び研究課題（金 2007；藤原 2009 など）として取り扱われている。

　さらに、近年においては、施設の地域化や社会化の議論が、「地域福祉推進」（東京都社会福祉協議会 2007）や「地域貢献」（全国社会福祉施設経営

者協議会 2004；大阪府社会福祉協議会 2010）という、より積極的な地域福祉活動として位置づけられ、実践現場からの先駆的な取り組みも報告されつつある。それら地域貢献活動の取り組みの背景には、地域社会の課題や狭間にあるニーズに対応しようとした社会福祉法人のミッションがあったが、それとともに、上述した社会福祉法人の公益性に関する社会的要請や自らの自覚があったと言える。しかし、地域貢献活動の取り組みには法人や施設によって格差が生じており、社会福祉法人の地域社会への貢献活動の弱さを指摘し、「収益の貯めこみ」と批判する声も少なくない（松山 2012）。

このような地域貢献活動の格差や行われにくさは、法人や施設の規模、立地、財政状況等の施設の属性の違いによって異なるが、何よりも経営主体のミッションや経営理念によって大きく左右されると報告されている（東京都社会福祉協議会 2007）。また、介護保険制度の管理下における施設経営であるため、施設の自己努力を意味する組織管理の要素ならびに、介護保険制度の変化のような制度的な要素などの影響も、経営成果としての地域貢献活動に影響を及ぼす大きな要因である。言い換えれば、経営環境の変化とともに、施設経営における自己努力が求められ、いわば介護保険制度にうまく乗った施設と、そうでない施設における経営格差が生じ、それが地域社会における新しい事業の展開や貢献活動の取り組みの格差を生じさせていると言える。

地域社会に対する貢献活動は、もはや施設の「閉鎖性」を緩和するための活動ではなく、地域社会に対する自分たちの存在意義をアピールする積極的な経営戦略であり、これこそが他の供給主体と差別化される社会福祉法人の公益性の遂行であることを認識する必要がある。

## 第3節　研究仮説と研究方法

### 1. 研究仮説

本研究では施設の属性、施設長の属性、施設の経営特性、介護保険制度への適応程度が地域貢献活動に影響を及ぼすという仮説を設定し、その検証を試みた。具体的には、下記のような四つの研究仮説を立てた。

仮説①．施設の属性（規模、地域区分、収益状況、法人設立時期等）は地域貢献活動に影響を及ぼす。

仮説②．施設長の属性（性別、経歴、学歴、前職種、年齢等）によって地域貢献活動に関わる経営管理に対する認識が異なる。

仮説③．施設の経営特性（経営方針、地域社会及び自治体との関係、人事管理、財政管理等）が地域貢献活動に影響を及ぼす。

仮説④．介護保険制度への適応程度（介護保険制度の施策変化に対する適応程度）が地域貢献活動の実施に影響を及ぼす。

2．研究方法

1）分析項目

（1）回答者及び施設の属性：回答者の属性は、性別、年齢、学歴、雇用形態、施設長になる前の主な職種、施設長経歴などをたずねた。施設の属性は、法人の設立時期、介護報酬地域区分、入所定員、財政状況などをたずねた。属性の詳細は**表7-1**及び**表7-2**の通りである。

表7-1　施設長の属性

| 属性 | 区分 | n | % | 属性 | 区分 | n | % |
|---|---|---|---|---|---|---|---|
| 性別 | 男性 | 158 | 67.2 | 前職種 | 介護職 | 13 | 5.6 |
| | 女性 | 77 | 32.8 | | 看護職 | 10 | 4.3 |
| 施設長経歴 | 1年未満 | 28 | 12.1 | | 事務職 | 72 | 30.9 |
| | 1年〜3年未満 | 40 | 17.3 | | 福祉・相談職 | 67 | 28.8 |
| | 3年〜5年未満 | 55 | 23.8 | | 行政職 | 20 | 8.6 |
| | 5年〜7年未満 | 34 | 14.7 | | 管理職 | 16 | 6.9 |
| | 7年〜9年未満 | 21 | 9.1 | | その他 | 35 | 15 |
| | 9年以上 | 53 | 22.9 | 年齢 | 30代 | 14 | 6.1 |
| 学歴 | 高校卒 | 49 | 2.96 | | 40代 | 27 | 11.7 |
| | 短大・専門学校卒（福祉・看護系） | 21 | 3.21 | | 50代 | 83 | 36.1 |
| | 短大・専門学校卒（その他） | 18 | 3.11 | | 60代 | 85 | 37 |
| | 大学卒（福祉・看護系） | 29 | 3.29 | | 70代以上 | 21 | 9.1 |

第 7 章　地域貢献活動の状況と影響要因

表 7-2　施設の属性

| 属性 | 区分 | n | % | 属性 | 区分 | n | % |
|---|---|---|---|---|---|---|---|
| 法人の設立時期 | 1950 年代以前 | 19 | 8.6 | 介護報酬地域区分 | 特別区 | 10 | 5.1 |
| | 1960 年代 | 16 | 7.3 | | 特甲地 | 27 | 13.6 |
| | 1970 年代 | 27 | 12.3 | | 甲地 | 11 | 5.6 |
| | 1980 年代 | 48 | 21.8 | | 乙地 | 39 | 19.7 |
| | 1990 年代 | 58 | 26.4 | | その他 | 111 | 56.1 |
| | 2000 年以降 | 52 | 23.6 | 財政状況 | 全くそう思わない | 37 | 16.8 |
| 入所定員 | 30 名以上 50 名未満 | 70 | 31.5 | | ややそう思わない | 122 | 55.5 |
| | 50 名以上 80 名未満 | 92 | 41.4 | | ややそう思う | 55 | 25 |
| | 80 名以上 100 名未満 | 42 | 18.9 | | とてもそう思う | 6 | 2.7 |
| | 100 名以上 | 18 | 8.1 | | (最近 4 年間の収益率が伸びているか) | | |

（2）地域貢献活動の実施状況：地域貢献活動の質問項目については、施設の地域化の概念や構成要素と、事前に行った施設長に対するインタビュー調査の結果に基づき、実施状況に関する 13 項目を作成した。測定は、回答の中心化傾向を避けるために 4 段階リッカートスケール（1．全くそう思わない、2．あまりそう思わない、3．ややそう思う、4．とてもそう思う）で測定した（以下同様）。

（3）施設の経営特性：事前に行った施設長に対するインタビュー調査の結果に基づき、地域貢献活動に関わる経営管理の実施状況及び認識に関する 23 項目を作成した。

（4）介護保険制度への適応：介護保険制度の導入・変化に対する経営の適応に関する 15 項目を作成した。

2）分析方法

結果の分析は、SPSS20.0 を用いて、記述統計、t- 検定、一元配置分散分析、因子分析、相関関係分析、重回帰分析を行った。

## 第4節　地域貢献活動の実施状況と施設の経営特性の関係

### 1.「地域貢献活動」の実施状況

地域貢献活動の実施状況に関する13項目の探索的因子分析を行い、要因構成を確認した。表7-3のように、最終的に10項目の二つの要因によって構成されることが確認され、それぞれ「地域住民のニーズへの対応」、「地域福祉活動の実施・支援」と命名した。下位要因の信頼度係数（Cronbach's $\alpha$）は、それぞれ.854と.781で高い信頼度を示している。各要因の実施状況は

表7-3　「地域貢献活動」の実施状況

| | 質問項目 | 因子 1 | 因子 2 | M | SD |
|---|---|---|---|---|---|
| 1 | 制度の狭間にある潜在的クライアントの発掘に取り組んでいる | 0.808 | -0.182 | 2.44 | 0.73 |
| 2 | 地域住民の困難や悩みを一緒に解決しようとしている | 0.725 | 0.165 | 2.62 | 0.83 |
| 3 | 地域住民に対して相談や情報提供などを通してサービスの適切な利用を支援している | 0.704 | 0.001 | 2.89 | 0.69 |
| 4 | 地域の新しいニーズに合わせたサービスを開発、提供している | 0.699 | -0.009 | 2.57 | 0.75 |
| 5 | 地域住民との対話が出来る窓口を設けている | 0.66 | 0.155 | 2.76 | 0.82 |
| 6 | ボランティア支援とボランティア活動の管理に積極的に取り組んでいる | -0.22 | 0.815 | 2.96 | 0.76 |
| 7 | 地域住民と一緒に行うイベント、行事など地域社会活動を実施している | 0.02 | 0.759 | 2.96 | 0.76 |
| 8 | 地域住民を対象に福祉フォーラムや研究会の開催等、福祉教育を実施している | 0.124 | 0.541 | 2.28 | 0.86 |
| 9 | 法人や施設の財政収入を地域社会に積極的に還元している | 0.145 | 0.481 | 2.42 | 0.79 |
| 10 | 地域住民が自由に使用できる空間を提供している | 0.245 | 0.448 | 2.43 | 0.94 |
| | Cronbach $\alpha$ | 0.854 | 0.781 | | |
| 要因間相関 | 地域住民のニーズへの対応 | 1 | 0.672 | 2.65 | 0.61 |
| | 地域福祉活動の実施・支援 | 0.672 | 1 | 2.61 | 0.6 |

次の通りである。

まず、「地域住民のニーズへの対応」においては、相談窓口の設置（項目5, M：2.76）や情報提供の面（項目3, M：2.89）については比較的良好に行われているが、制度の狭間にある潜在的ニーズの把握（項目1, M：2.44）、さらにそれに基づく新しいサービスの開発及び提供（項目4, M：2.57）については行われにくい状況であることが分かる。また、「地域福祉活動の実施・支援」においては、ボランティア活動の支援（項目6, M：2.96）やイベント及び行事の開催等（項目7, M：2.96）は良好に行われているが、福祉教育（項目8, M：2.28）、収益の積極的な地域還元（項目9, M：2.42）、施設開放など（項目10, M：2.43）は行われにくい状況であることが分かる。

## 2.「施設の経営特性」の状況

施設の経営特性の状況に関する23項目の探索的因子分析を行い、要因構成を確認した。**表7-4**のように、最終的に18項目の四つの要因によって構成されることが確認され、それぞれ「人材育成・活用」、「自治体との関係」、「地域社会との連携」、「法人・施設の方針」と命名した[1]。下位要因の信頼度係数（Cronbach's α）は、.803～905で、高い信頼度を示している。各要因の実施状況は次の通りである。

各要因の項目全体の平均値と比較すると、「人材育成・活用」は、地域貢献活動に関する教育・研修（項目4, M：2.29）は良好に行われているが、地域貢献活動のための人員計画の策定（項目3, M：1.89）は比較的低い状況にある。「自治体との関係」は、法人や施設の肯定的なイメージ形成（項目7, M：3.05）については良好であるが、行政計画の策定への参加（項目8, M：2.6）は比較的低い状況にある。「地域社会との連携」は、地域内の他機関との連携（項目14, M：3.13）、施設のサービスや事業に対する地域住民からの理解・協力（項目12, M：3.13）は良好であるが、民間団体や企業とのパートナーシップの形成（項目9, M：2.55）、地域貢献活動における地域住民の参加促進（項目10, M：2.54）は比較的低い状況にある。「法人・施設の方針」は、地域貢献活動に対する法人の理念の明確な提示（項目15,

表7-4 「施設の経営特性」の状況

| | 質問項目 | 因子 | | | | M | SD |
|---|---|---|---|---|---|---|---|
| | | 1 | 2 | 3 | 4 | | |
| 1 | 地域社会貢献事業の実施における人員配置を効率的に行っているか | 0.909 | 0.072 | −0.02 | −0.02 | 2.03 | 0.85 |
| 2 | 地域社会貢献事業担当職員の職務満足のための工夫がされているか | 0.905 | 0.022 | 0.042 | −0.06 | 1.98 | 0.82 |
| 3 | 地域社会貢献事業のための人員計画を策定しているか | 0.794 | 0.101 | −0.15 | 0.056 | 1.89 | 0.86 |
| 4 | 職員に対して地域社会貢献に関する教育・研修を行っているか | 0.708 | −0.12 | 0.161 | 0.079 | 2.29 | 0.92 |
| 5 | 基礎自治体の事業担当者や関係者との良い関係の形成・維持 | 0.064 | 0.859 | −0.09 | −0.02 | 2.98 | 0.76 |
| 6 | 基礎自治体の持っている課題やニーズを把握しているか | 0.049 | 0.811 | 0.001 | 0.019 | 2.88 | 0.73 |
| 7 | 基礎自治体に向けて積極性や透明性など、法人や施設の肯定的なイメージを形成しているか | −0.1 | 0.591 | 0.15 | 0.185 | 3.05 | 0.82 |
| 8 | 行政計画（地域福祉・高齢者・障害者福祉計画など）の策定に参加しているか | 0.194 | 0.576 | 0.137 | −0.15 | 2.6 | 1.08 |
| 9 | 地域社会の民間団体や企業等とのパートナーシップを形成しているか | 0.059 | 0.021 | 0.742 | −0.04 | 2.55 | 0.79 |
| 10 | 地域貢献活動における地域住民の参加を促しているか | 0.219 | −0.16 | 0.716 | 0.044 | 2.54 | 0.88 |
| 11 | 地域住民が抱える福祉課題やニーズを把握しているか | 0.007 | 0.102 | 0.702 | −0.02 | 2.82 | 0.7 |
| 12 | 施設のサービスや事業に地域住民からの理解と協力を得ているか | −0.15 | 0.239 | 0.594 | 0.07 | 3.13 | 0.66 |
| 13 | 地域社会における社会資源を把握・活用しているか | −0.01 | 0.235 | 0.539 | 0.016 | 2.77 | 0.77 |
| 14 | 地域内の他機関との連携が取れているか | −0.2 | 0.356 | 0.461 | −0.04 | 3.13 | 0.7 |
| 15 | 地域貢献活動が法人の理念として明確に示されているか | −0.02 | −0.1 | 0.002 | 0.803 | 3.1 | 0.85 |
| 16 | 地域貢献活動に対する施設長の認識が高く積極的であるか | 0.011 | 0.122 | −0.07 | 0.795 | 2.98 | 0.75 |
| 17 | 地域貢献活動に対する法人本部のサポートがあるか | 0.038 | −0 | 0.014 | 0.645 | 2.59 | 0.87 |
| 18 | 地域貢献活動について施設の職員全体が理解しているか | 0.203 | 0.005 | 0.175 | 0.396 | 2.7 | 0.7 |
| | Cronbach α | 0.905 | 0.836 | 0.86 | 0.803 | | |
| 要因間相関 | 人材育成・活用 | 1 | | | | 2.06 | 0.77 |
| | 自治体との関係 | 0.299 | 1 | | | 2.88 | 0.7 |
| | 地域社会との連携 | 0.457 | 0.687 | 1 | | 2.83 | 0.58 |
| | 法人・施設の方針 | 0.51 | 0.562 | 0.651 | 1 | 2.84 | 0.63 |

表7-5 主要要因間の相関関係

| 要因 | (1) | (2) | (3) | (4) | (5) | (6) |
|---|---|---|---|---|---|---|
| 地域住民のニーズへの対応（1） | 1 | | | | | |
| 地域福祉活動の実施・支援（2） | .615** | 1 | | | | |
| 人材育成・活用（3） | .488** | .533** | 1 | | | |
| 自治体との関係（4） | .453** | .461** | .369** | 1 | | |
| 地域社会との連携（5） | .490** | .555** | .446** | .676** | 1 | |
| 法人・施設の方針（6） | .560** | .674** | .534** | .509** | .593** | 1 |

\*\*：$p<0.01$

M：3.10)、施設長の高い認識や積極性（項目16, M：2.98）については良好であるが、地域貢献活動に対する法人本部からのサポート（項目17, M：2.59）、施設の職員全員の理解（項目18, M：2.70）は比較的低い状況にある。

### 3.「地域貢献活動」と「施設の経営特性」の関係

地域貢献活動と施設の経営特性の関係を明らかにするために、相関関係分析（**表7-5**）及び重回帰分析（**表7-6**）を行った。

まず、「地域貢献活動」の下位要因の「地域住民のニーズへの対応」、「地域福祉活動の実施・支援」と、促進要因の「人材育成・活用」、「自治体との関係」、「地域社会との連携」、「法人・施設の方針」のすべての要因間で正（＋）の相関関係（$r=.461$〜$.674$, $p<.001$）があることが確認された。

以上を踏まえ、**表7-6**に示すように、独立変数の施設の属性と施設経営特性が従属変数の地域貢献活動に及ぼす影響を確認するための重回帰分析（ステップワイズ）を行った。モデル1では、属性の地域区分、入所定員、財政状況、法人設立時期を独立変数として、地域貢献活動を従属変数にした重回帰分析を行った。その結果、モデル1は統計的に有意であるが（$p<.05$）、調整済みR2乗値は0.069と低く、説明力は低い。属性のうち、地域区分、入所定員、法人設立時期は地域貢献活動に影響を及ぼさず、財政状況は影響を及ぼす要因（$\beta=0.241$, $p<.05$）であった。

次に、モデル2では、属性要因に加え、施設の経営特性の下位要因を独立変数として、地域貢献活動を従属変数にした重回帰分析を行った。その結果、

表7-6　地域貢献活動に影響を及ぼす要因

| モデル | 要因 | 地域貢献活動（全体） | | | |
|---|---|---|---|---|---|
| | | B | $\beta$ | t | p |
| 1 | 地域区分※ | −1.571 | −0.103 | −1.391 | 0.166 |
| | 入所定員 | 0.286 | 0.046 | 0.601 | 0.549 |
| | 財政状況 | 3.004 | 0.241 | 3.264 | 0.001 |
| | 法人設立時期※ | −1.463 | −0.104 | −1.441 | 0.151 |
| 2 | 地域区分 | −1.231 | −0.081 | −1.549 | 0.123 |
| | 入所定員 | 0.242 | 0.039 | 0.731 | 0.466 |
| | 財政状況 | 0.652 | 0.052 | 0.984 | 0.326 |
| | 法人設立時期 | −0.827 | −0.059 | −1.174 | 0.242 |
| | 人材育成・活用 | 0.484 | 0.264 | 4.387 | 0.000 |
| | 自治体との関係 | 0.249 | 0.128 | 1.989 | 0.048 |
| | 地域社会との連携 | 0.179 | 0.121 | 2.034 | 0.043 |
| | 法人・施設の方針 | 0.843 | 0.405 | 6.445 | 0.000 |
| Fit | | R | $R^2$ | 調整済み $R^2$ | p |
| モデル1 | | 0.298 | 0.089 | 0.069 | 0.002 |
| モデル2 | | 0.758 | 0.574 | 0.555 | 0.000 |

※多重共存性係数：VIF＝1.03〜1.71
※地域区分ダミー：特別区・特甲＝1、施設開設時期ダミー：2000年以降＝1

モデル2は統計的に有意で（p＜.001）、調整済みR2乗値は0.555であり、高い説明力を示した。

各要因が及ぼす影響を見ると、モデル1では属性要因のうち財政状況が地域貢献活動に影響を及ぼす要因であったが、モデル2では、属性要因すべてが影響を及ぼさない結果となった。一方、施設の経営特性の下位要因はすべて地域貢献活動に影響を及ぼす要因（p＜.000〜.048）となった。具体的には、下位要因のうち、「法人・施設の方針（$\beta$＝.405）」が地域貢献活動の実施に最も影響が大きく、その次が、「人材育成・教育（$\beta$＝.264）」、「自治体との関係（$\beta$＝.128）」、「地域連携（$\beta$＝.121）」の順であった。

## 第5節　施設長の属性による施設の経営特性に対する認識の違い

施設長の属性による施設の経営特性に対する認識の違いを分析した結果、

表7-7 施設長の属性による「施設の経営特性」に対する認識の違い

| 属性 | 区分 | n | M | SD | t/F |
|---|---|---|---|---|---|
| 性別 | 女性 | 73 | 3.19 | 0.56 | 1.893* |
| | 男性 | 148 | 3.04 | 0.56 | |
| 前職種 | 介護職 | 12 | 2.81 | 0.6 | 2.63* |
| | 看護職 | 10 | 3.1 | 0.73 | |
| | 事務職 | 70 | 2.97 | 0.61 | |
| | 福祉・相談職 | 63 | 3.23 | 0.53 | |
| | 行政職 | 19 | 3.05 | 0.37 | |
| | 管理職 | 14 | 3.34 | 0.44 | |
| 学歴 | 高校卒 | 49 | 2.96 | 0.53 | 2.16* |
| | 短大・専門学校卒（福祉・看護系） | 21 | 3.21 | 0.61 | |
| | 短大・専門学校卒（その他） | 18 | 3.11 | 0.71 | |
| | 大学卒（福祉・看護系） | 29 | 3.29 | 0.47 | |
| | 大学卒（その他） | 97 | 3.03 | 0.55 | |

＊：p＜0.05

　性別、施設長になる前の主な職種、学歴で有意な差が認められた。詳細については、**表7-7**の通りである。

　まず、性別では、女性が男性より施設の経営特性の重要度に対する認識が高い。また、施設長になる前の主な職種では、「介護職」と「事務職」は重要度に対する認識が比較的低く、「管理職」、「福祉・相談職」は比較的高い傾向がみられる。さらに、学歴では、「大学卒（福祉・看護系）」が最も高く、その次が「短大・専門学校卒（福祉・看護系）」であり、「高校卒」が最も低い。また、福祉・看護系がその他より全体的に高い傾向が見られる。

## 第6節　介護保険制度に対する適応と地域貢献活動の関係

　介護保険制度の施策の変化に対する施設側の経営適応と地域貢献活動の関係を明らかにするために、地域貢献活動及び施設の経営特性と、介護保険制度への適応に対する10項目との関係を分析した。結果は**表7-8**の通りである。

　介護保険制度への適応の下位項目[2]である、「人材活用（質問項目1, 2,

表7-8 介護保険制度への適応と「地域貢献活動」、「施設の経営特性」の関係

| | 質問項目 | 地域貢献活動 | 施設経営特性 |
|---|---|---|---|
| 1 | より多くの介護報酬加算をとるために職員配置を変えたり、新規職員を採用している | .134* | .075 |
| 2 | 介護保険の施行規則の変更による人員配置基準の変更に柔軟に対応して来た | .198** | .187** |
| 3 | 介護保険施策の変化に対応する為に職員の業務分担を適時に行って来た | .185** | .039 |
| 4 | 介護保険制度の開始以後、提供しているサービスの質が下がっている | .148* | .191** |
| 5 | 介護保険制度の開始以後、利用者の満足度が低下している | .190** | .118 |
| 6 | 介護保険制度の開始以後、利用者の多様な生活ニーズに答える事が難しくなってきた | .298** | .238** |
| 7 | 介護保険事業以外の地域社会のための事業を提供する余裕がない | .410** | .251** |
| 8 | 介護保険の施策変化に適切に対応して来た | .159* | .179** |
| 9 | 介護保険施策の変化が頻繁で、経営の先行きが見通せなくて困っている | .199** | .134* |
| 10 | 介護保険施策の変化は、施設経営に新たな機会を提供して来た | .238** | .190** |

*：$p<0.05$、**：$p<0.01$

3)」、「サービス（質問項目4, 5, 6）」、「経営状況（質問項目7, 8, 9, 10）」と地域貢献活動及び施設の経営特性との関係を分析した結果、「人材活用」、「サービス」、「経営状況」に関するほとんどの項目と地域貢献活動及び施設の経営特性は、正（+）の相関関係であることが確認された。具体的には、次の通りである。一つ目に、介護保険制度の変化に対する人材活用が円滑に行われるほど、地域貢献活動が行われやすい。二つ目に、介護保険制度の変化によるサービスの質の低下が少ないほど、地域貢献活動が行われやすい。三つ目に、介護保険制度の変化による経営状況が安定しているほど、地域貢献活動が行われやすい。

第7章　地域貢献活動の状況と影響要因

## 第7節　考察：地域貢献活動を促進するために

### 1. 地域貢献活動と施設経営特性の要因構成と実施状況

　まず、地域貢献活動については、「地域住民のニーズへの対応」と「地域福祉活動の実施・支援」の二つの要因に分けられた。「地域住民のニーズへの対応」は、地域住民のサービス利用の支援、アウトリーチ活動、制度の狭間にあるニーズの解決などの項目によって構成される。地域社会のニーズを解決するにあたって、介護保険サービスなどの利用支援のような消極的な活動に加え、地域社会の新たなニーズや狭間にあるニーズを解決するための積極的な活動も含まれている。「地域福祉活動の実施・支援」は、地域住民への施設開放、職員による地域との交流、福祉教育の実施、経営収益の地域還元などの項目によって構成される。したがって、施設（物理的、空間的設備）の地域化、施設職員の地域化、施設機能の地域化（大橋1978）といった「施設の地域化」の概念をなす項目に加え、「経営利益の地域化」という概念をも含む要因である。

　地域貢献活動の実施状況を要因別に見たところ、「地域住民のニーズへの対応」においては、相談窓口の設置や情報提供の面については比較的良好に行われているが、制度の狭間にある潜在的ニーズの把握、さらにそれに基づく新しいサービスの開発及び提供については行われにくい状況であることが分かった。また、「地域福祉活動の実施・支援」においては、ボランティア活動の支援やイベント及び行事の開催等は良好に行われているが、福祉教育、収益の積極的な地域還元、施設開放などは行われにくい状況であることが分かった。いずれも、施設内やその周辺までの範囲で活動が限定されがちであり、地域社会に出向く積極的な活動や取り組みは弱い状況であると言える。

　次に、施設の経営特性は、「人材育成・活用」、「自治体との関係」、「地域社会との連携」、「法人・施設の方針」の四つの要因によって構成される。各要因別の実施状況については、次のような特徴が見られた。

　まず、「人材育成・活用」においては、地域貢献活動に関して教育・研修

としては取り組まれているが、実際に活動を担う人材の計画的な確保・活用までは至っていないことが窺えた。二つ目に「自治体との関係」においては、法人や施設の積極性や透明性を高め、自治体との協力関係を形成しようとはしているが、行政計画の策定へ参加のような積極的な取り組みはそれほどできていない状況が窺えた。三つ目に「地域社会との連携」においでは、施設の実践に関する他機関との連携はある程度行われるが、その他の民間団体や企業等とは連携が取りにくい状況であり、さらに地域住民からは施設が提供するサービスや事業については理解・協力が得られるが、地域貢献活動への積極的な参加までは至っていない状況が窺えた。最後に「法人・施設の方針」においては、地域貢献活動に対する法人の理念の明確な提示、施設長の高い認識や積極性など、理念や意識の面では積極さが見られるが、実際に地域貢献活動に対する法人本部からのサポートが少なかったり、施設レベルでは法人の理念や施設長の考えが現場の職員にまで行き届いていない状況が窺えた。

## 2. 地域貢献活動に及ぼす要因

　地域貢献活動に影響を及ぼす要因を、施設の属性（仮説①）、施設長の属性（仮説②）、施設の経営特性（仮説③）を主な要因として仮説をたて検証を行った。

　まず、施設の属性が地域貢献活動に及ぼす影響を分析したところ、財政状況が地域貢献活動に影響を及ぼす要因であることが明らかになり、仮説①を部分的に支持する結果となった。つまり、財政状況が改善されるほど地域貢献活動が行われやすいことが示唆された。しかし、施設属性のみならず、施設の経営特性も同時に考慮した場合には、財政状況と地域貢献活動の有意な関係は見られなくなり、一方で施設経営特性のすべての下位要因は地域貢献活動に影響を及ぼす要因となり、仮説③を支持する結果となった。

　したがって、施設属性の財政状況と施設の経営特性ともに、地域貢献活動の促進要因ではあるが、財政状況の良さよりは、施設の経営特性によって地域貢献活動の実施が左右されると言える。具体的には、施設経営特性の下位

要因のうち、「法人・施設の方針」が地域貢献活動の実施に最も影響が大きく、その次が、「人材育成・教育」、「自治体との関係」、「地域連携」の順であった。つまり、地域貢献活動を促進するためには、法人や施設の理解・協力がなにより重要であり、また直接活動を実施する職員の円滑な育成や活用も欠かせない。さらに自治体、関連機関、地域住民との協力的な関係を形成することも地域貢献活動を支える重要なマネジメント努力であると言える。

次に、経営者の考え方によって、地域貢献活動に関する取り組みの積極さが異なることを想定し、施設長の属性による施設の経営特性に対する認識の違いを分析した結果、仮説②を部分的に支持する結果となった。まず、性別では、女性が男性より地域貢献活動のための施設の経営特性の重要度に対する認識が高く、施設長になる前の主な職種では、介護職と事務職は重要度に対する認識が比較的低く、管理職、福祉・相談職は比較的高い傾向がみられた。また、学歴においては、高校卒や短大・専門学校卒より大卒の認識が高く、専攻別にみると福祉・看護系がその他より全体的に高い傾向が見られた。施設長は現場レベルにおける実質的な経営管理者であるため、その重要性は言うまでもないとされてきたが、地域貢献活動においてもリーダーの考え方が活動の実施を左右する要因であること、さらに、そのリーダーの考え方は性別や前の職種、教育のベースによって異なることが明らかになった。

## 3. 介護保険制度への適応と地域貢献活動の関係

介護保険制度への適応と地域貢献活動及び施設経営特性の関係を分析した結果、「人材活用」、「サービス」、「経営状況」の適応に関するほとんどの項目と地域貢献活動及び施設の経営特性は正の相関関係であることが確認され、仮説④を支持する結果となった。

具体的には、介護保険制度の変化の中で、人材活用が円滑に行われるほど、サービスの質の低下が少ないほど、経営状況が安定しているほど、地域貢献活動が行われやすい傾向であることが確認された。言い換えると、介護保険制度の変化に対し、施設の経営者が①サービスの質、②人材活用、③経営状況における「適応」が良好であると認識しているほど、地域貢献活動をより

活発に取り組む可能性が高いと言える。一方、介護保険制度への適応が難しいと認識するほど、施設経営に対する危機感が高まり、地域社会のための福祉活動に受動的になる恐れがあり、経営と地域貢献の両立が難しくなることを示唆する。

### 4. 地域貢献活動を促進するために

以上の研究結果及び考察を踏まえ、地域貢献活動を促進するための提案を次のように示す。

まず、施設の規模や法人の設立時期などの施設の属性よりは、地域貢献活動に関する施設内外の基盤活動や体制づくりが重要である。特に、法人・施設の方針が最も重要な要素であり、自分たちのミッションを明確に示し、それを施設職員みんなが共有することが何より求められる。そのためには、着任研修や中間管理者研修などに地域貢献活動に関する方針や取り組みの方策などを取り入れることが必要である。また、日常的に、職員全員が自らの実践がどのような意味を持ち、地域社会の中でどのような役割や機能をもつのかを認識させることも重要と言えよう。

二つ目に、地域貢献活動を推進するためには、それに対する施設長の意識を高めることが重要である。施設経営者に対する経営管理研修等において、施設長になるまでのキャリアや職種を考慮したカリキュラム作りや、地域貢献活動を経営戦略として取り組むことの重要性等を強調し、施設長の認識や力量を強化する必要があろう。

三つ目に、地域貢献活動を担当する人材を育てることも重要である。多くの施設では地域貢献活動を主に担当する職員は配置せず、新しい事業やイベントを実施する時に担当者を決めるところが多いが、地域貢献活動のもつ意味を、単に地域住民とのイベントや委託事業という意味にとどめず、施設の広報活動であり、財源確保の一方法であるという認識が必要である。地域社会の新しいニーズや課題を自ら見つけ出し、その解決のための新しい事業やサービスを考案し、その活動資金を確保するという一連のプロセスを、思いついた時にやるということではなく、ソーシャルワークという専門職の立場

から実践することが求められるからである。さらに、このような活動は、地域社会の施設への寄付につながることから、これまで社会福祉施設の経営においては弱かった「自主財源確保機能」を強化する意味もある。したがって、地域貢献活動を担当する専門職員を配置することは、地域社会のニーズを解決するための「企画機能」、施設の活動をPRし、人材確保を円滑にしたり、施設のイメージを向上させる「広報機能」、先進的な取り組みから得られる政府や自治体からの補助金、さらに地域社会からの寄付金を募るなどの活動を行う「自主財源確保機能」を合わせもつ重要な役割を担うことが出来ると考える。

　四つ目に、法人や施設の連携・協力による地域貢献活動の取り組みが必要である。小規模の法人や施設の場合、地域貢献活動に取り組むことが用意でないことは事実である。上述の職員配置も人件費を確保することが難しいであろう。したがって、複数の施設のネットワークを通じて財政的負担を分け合うことも考えられる。実際に、大阪府などの取り組みでは、一施設が対応することが出来ない地域課題を、多くの施設や法人が人材や資金を出資し合い、取り組んでいる例もある（大阪府社会福祉協議会2010）。社会福祉法人にとって他の法人は、単に競争相手ではない。営利企業のように自分たちの利益を追求するためではなく、地域や社会のために存在するのであって、自分たちのもっている資源を多くの法人が共有し、新たな大きな社会の資源になることは、単一の社会福祉法人として取り組むより何倍もの社会的効果を生むであろう。

　最後に、介護保険制度の施策整備を通じて地域貢献活動を促すことも考慮しなければならない。介護老人福祉施設の地域貢献活動の阻害要因の一つは、経営に対する不安感である。特に、現在の経営状況というよりは、今後の活動資金や減価償却費の確保のために、新しい事業や制度外の自主事業に取り組むことが出来ないのである。それは、介護保険制度の頻繁な施策の変化の影響も無視出来ず、さらに介護報酬改定も大きな影響を与える。これまでの介護保険制度における介護報酬改定を見ると、施設の自己努力分に対する評価が低い。つまり、経営努力によって得られた経営収益については、介護報

酬額が高いが故に稼ぐことが出来たという考え方が強く、その稼いだ分については介護報酬の減額改定を行い調整させようとしたのである。むろん、社会福祉施設がこれまで安定的な環境での経営であったため、経営努力が足りなかったことは否めない。しかし、介護保険制度導入から12年が経った今では、経営の自己努力についても一定以上の水準に達していると考えられる。したがって、これからの介護保険制度の施策においては、施設の長期的な経営ビジョンをたてることが出来るような介護報酬改定が望まれるとともに、社会福祉法人による地域貢献活動に対する評価や法的支援の基盤を設けることが求められると考える。

　結論的に、地域貢献活動の促進のためには、社会福祉法人や施設が自らの活動のもつ意味を改めて認識し、そのための組織マネジメントの自己努力をすることが求められると同時に、介護保険制度は施設の将来的なビジョンをたてることが出来るよう介護報酬改定のルールを示すことや、地域貢献活動への資金投入に対する誘導策を整備することが求められる。

## 5. 研究の限界と課題

　アンケート調査を通して、介護老人福祉施設における地域貢献活動の実施状況と、その影響要因を、先行研究などで述べられている議論を踏まえ検証することができたことは、本研究の大きな成果と言えよう。なお、幾つかの限界もあるため、それを踏まえて今後の研究解題をあげて論を閉じることとする。

　まず、調査対象における限界である。社会福祉法人の地域貢献活動の状況とその要因を明らかにするために、介護老人福祉施設を調査対象にしているが、そのため高齢者分野かつ入所施設の状況に焦点が当てられ、その他の領域や在宅部門における状況を踏まえることはできなかった。さらに、施設長を調査対象にしているが、社会福祉法人全体の経営管理の視点を反映するためには理事長からの回答も必要だったと言えよう。二つ目に、施設の地域貢献活動の状況や経営特性について施設長の主観的な評価に基づいて測定しているため、施設の現状とあるべき姿とのギャップを意識した肯定的な評価の

傾向が見られる。今後、このような自己評価によるバイアスを統制できるような調査設計を工夫する必要がある。三つ目に、地域貢献活動の実態やその影響要因について調査結果から抽象的かつ全体的に検討することはできたが、因果関係や他の要因等との関係まで詳細には把握することができなかった点は、後続研究が求められる部分である。

以上の本研究の限界を踏まえ、今後、社会福祉法人を対象にした分析枠組みを立て、法人全体の経営管理における地域貢献活動の実態を把握することを目指したい。また、アンケート調査を具体化する形で、地域貢献活動を実施する社会福祉法人に対する事例研究を重ねて行きたい。

注
1) 因子負荷量が低く、最終的に因子構成から除外された質問項目は、「施設の事業計画予算書に地域貢献事業が組み込まれているか」、「施設が後援会を持ち、円滑に活用しているか」、「イベントやバザーなどの直接募金活動を実施しているか」、「介護保険事業以外の収益事業を通した資金確保が行われているか」などであり、主に「自主財源の確保」に関する項目であった。これらの項目は、回答結果に「1. 全く実施されていない」もしくは「2. あまり実施されていない」という答えが多く、偏りが大きいことから因子構成に含まれないと考えられる。このことから、介護老人福祉施設の自主財源確保が行われていない状況が見て取れる。
2) 事前に行った探索的因子分析により、三つの因子構成が確認された。Cronbach's $\alpha$ 係数は、それぞれ .788〜.912 である。

文献

金蘭姫(2007)「地域福祉推進と社会福祉施設」『関西学院大学社会学部紀要』103、59-71.

山田雅穂(2011)「介護サービス提供主体の多様化の機能及び継続性に求められる条件整備──コムスン事件の事例検討を通して」『社会福祉学』51(4)、139-152.

社会福祉法人経営研究会(2006)『社会福祉法人経営の現状と課題──新たな時代における福祉経営の確立に向けての基礎作業』全国社会福祉協議会.

秋山智久(1985)『社会福祉施設運営論Ⅰ』社会福祉研修センター．
小笠原慶彰(1986)「住民の共同利用施設」右田紀久恵・定勝丈弘共編『地域福祉講座③福祉の環境づくり』中央法規出版．
松山幸弘(2012)「社会福祉法人の内部留保と不正経理」キャノングローバル戦略研究所、マクロ経済コラム．(http://www.canon-igs.org/column/macroeconomics/20120718_1422.html)．
大橋謙策(1978)「施設の社会化と福祉実践——老人福祉施設を中心に」『社会福祉学』19、49-59．
大阪府社会福祉協議会(2010)『社会福祉法人による生計困難者に対する相談支援事業　手引書 Ver.1　第一分冊　社会的効果検証報告書』．大阪府社会福祉協議会．
中央共同募金会(1979)『施設をひらく——1000施設の社会化実態調査報告書』．
東京都社会福祉協議会(2007)『社会福祉法人の地域福祉事業・活動のためのガイドライン』東京都社会福祉協議会．
藤原慶二(2009)「地域社会と社会福祉施設のあり方に関する一考察——『施設の社会化』の展開と課題」『関西福祉大学社会福祉学部研究紀要』12、27-33．
八代尚弘(2010)「経済教室『公共』を考える——改革の起点(上) 公益追求、企業での可能」2010年4月22日付日本経済新聞全国版朝刊、25．
牧里毎治(1983)「施設社会化の到達点と課題：いわゆる処遇の社会化を中心に」『社会問題研究』33(1)、119-151．
野口定久(1980)「老人ホームにおける施設社会化の実践枠組とその展開」『社会老年学』13、50-64．

# 終章　持続可能な施設経営と制度経営を目指して

　施設の経営管理と介護保険制度は、それぞれサービスの提供システムと管理システムに分けられるが、準市場における介護サービスのデリバリシステムという大きな枠組みから見ると、両者は分けて考えることのできない連続システムであると言える。従って、それらの発展や持続可能性に関する議論においても、両者を同時に考慮しなければならない。

　社会福祉法人は、戦後、日本の社会福祉サービスの主たる提供組織として大きな役割を果たしてきた。しかし、今日においては、その存在意義が問われるほど厳しい社会からの要望に迫られており、まさに持続可能性の危機に直面している。その背景について介護保険事業を行う法人に限定して言うのならば、介護保険制度の導入による経営環境の急激な変化の一方、それに追いついていない経営体質、つまり、いまだ措置時代の施設運営感覚を持っている"守られたがる"一部の社会福祉法人が存在するからとも言える。

　介護老人福祉施設は、昨今の公共性や公益性に関する社会からの要請に積極的に立ち向かわなければならず、そのためには、ただ経営が大変だという溜息を吐くだけではなく、自分たちの組織を改革させ、介護保険制度の変化に適応できる経営をしようとする努力をしなければならない。それと同時に、社会福祉法人だからこそ実践できる自分たちの強みとしてのソーシャルワークを活かした経営を行っていくことも重要である。これは、公益特別法人に相応しい責任を果たすべきとの社会からの要請に対するアピールにもなるが、生き残りをかけた積極的な経営戦略でもある。

　他方、介護保険制度は財政的な持続可能性のみでなく、良質なサービス提供システムの管理という視点から制度を経営していかなければならない。介護保険制度の導入以降これまでは、介護サービスの経営環境の整備という側

面が強かったとしたら、これからは施設経営と制度経営の共存を重視した考え方が求められる。施設経営者側による経営の自己管理を誘導し、安定的なサービス提供環境を維持・促進する行政の役割がますます重要になってきている。終章では、これまでの質的・量的分析の結果を踏まえ、持続可能な介護老人福祉施設及び介護保険制度経営のための提言を示す。

## 第1節　持続可能な施設経営

### 1. 社会福祉実践方法としての組織マネジメントスキルの向上

2000年以降、多くの実践者や研究者によって経営の重要性が強調され、経営管理が社会福祉における重要な実践方法であるという認識は広がってきたが、現在においても、それに関する経験的な知識とスキルが、必ずしも体系化・共有化されているとは言えない。

ここでは、持続可能な施設経営のための具体的な提言として、本研究で明らかとなった組織マネジメントスキルを中心に、その改善方法について述べる。主な内容は、1) 全職員の経営理念の共有と経営感覚の育成、2) チームワークを促す仕組みづくり、3) トップリーダーと中間リーダーの機能強化に関する論議である。1) は個人レベルにおける認識の改善に関わるものであり、2) と 3) は組織レベルにおける内部環境整備とその役割者に関するものである。

#### 1) 全職員の経営理念の共有と経営感覚の育成

ほとんどの社会福祉法人・施設では、組織のミッションを掲げて事業を行っており、サービス・地域社会・利用者にかかる考え方、施設の機能や役割などがそのなかに反映されている。その理念を職員一人ひとりが共有することは、組織ぐるみの実践を行う上で最も重要な先決条件と言える。施設が持つ組織の共通性を個々の職員が分かち合うことによって実践における葛藤が減り、業務の効率が上がる（グレッグ 2005；入江ら 2005）からである。このような組織の理念を職員全員に共有させ、まとまりのある実践につなげる

ためには、職員募集の段階から組織の目指すサービス提供の在り方や価値観、さらにはそのための人事管理制度について明確にしておく必要があり、それについて着任研修等を通して十分に認識させることが重要である。それにより組織にコミットした職員を獲得することができ、職員自身にとっても使命感や責任感を持てるようになるからである。

また、サービス提供における経営感覚を職員一人ひとりが身に付けることも重要である。従来、経営については施設長等の管理者のみの役割であり、他の職員には関係のない領域として認識されがちであった。しかし、介護施設の経営は財務管理の面だけでなく、サービス提供や人材の適切な配置などの現場レベル（サービス提供場面）におけるマネジメントも重要な要素である。財務管理の部門を除けば、むしろ現場職員の管理能力や判断がより適切で鋭い側面もあり、それによって小チームあるいは全組織が取りまとめられる場合がある。それこそ、現場レベルの経営感覚が活かされた組織と言える。なかでも、サービス提供における職員一人ひとりの動きや業務を効率的かつ効果的に調整する中間管理職の組織管理能力は、サービスの質の側面から見ても大変重要な要素と言える。このように、施設内における下部組織や中間管理者の経営感覚は、組織全体の経営力につながるため、職員のキャリアに合わせた経営研修等を通して、全職員の経営感覚の育成に努めることが重要である。

2）チームワークを促す仕組みづくり

チームワークとは、複数の職員や多職種の専門職が協働・連携して業務を行うことを意味する。本研究の分析では、施設内におけるチームワークは職員の職務満足及びサービスの質を左右する重要な要因であることが明らかになった。つまり、介護老人福祉施設は、限られた空間の中で複数の専門職によって利用者の生活支援が行われる特徴を持ち、組織における円滑なチームワークは、業務上の無駄な動線や役割葛藤を減らし職員の働きやすさを増進するとともに、結果としてサービスの質の向上につながると言える。

近年、ユニットケアが一般化しつつあるなか、ユニット単位の小チーム内

の協働・連携と、それら小チーム間の協同・連携という二通りのチームワークに注目する必要がある。まず、ユニット単位の小チーム内においては、空間的な安楽さのみでなく、利用者との密接な人間関係のメリットが活かされるように、各々の職員の特性を理解したチーム作りが重要であり、さらには職員同士で介護技術を共有したり、利用者の心身の状態に関する情報交換が常に行われるよう努めなければならない。一方、担当職員がユニット内の連携のみに集中してしまうと、施設全体としての効率性やチームワークが損なわれる恐れがあるため、小チーム間の協働・連携も欠かせない。したがって、小チーム同士の明確な役割の設定及び調整、またそのための情報共有のツールを持つことが必要である。例えば、各ユニットのメンバーからなる小委員会やICT等、各々の施設の組織文化に適したコミュニケーションの場やツールを活用することも重要である。

### 3）トップリーダーと中間リーダーの機能強化

介護老人福祉施設には、施設長のようなトップリーダーと、ユニットリーダーや中間管理職等のような中間リーダーがいる。トップリーダーと中間リーダーは、それぞれ異なる権限や役割を持っており、その果たし方によって組織の雰囲気や経営成果に大きな影響を及ぼす。つまり、リーダーは、各部署やユニットにおける「相互的なソーシャルサポートを構築することで、職員の多忙さや過重負担を軽減させ、職員の満足感を高めサービスの質を向上させる」（田尾 1996：169）重要な立場にある。本研究の分析においても、トップリーダーや中間リーダーのリーダーシップは、職員のチームワーク及び職務満足に影響を及ぼす重要な要因である事が明らかになった。

一方、インタビュー及びアンケート調査では、中間リーダーの育成に苦労をしている施設が多くみられ、特に、若い世代における「リーダー職離れ」が指摘されている。その背景については、職員に対するアンケート調査のなかで、中間管理職等のリーダーになりたくない理由として、役割や責任に対する重圧感、ワークライフバランスに関する内容が多く述べられており、管理職等の権限や役割を負担と感じたり、仕事によって私生活が制限されたく

ないと言う考え方が根底にあることが分かる。これは、中間リーダーの良い
ロールモデル、つまり与えられた権限を適切に活かしてやりがいのある仕事
ができ、それに見合う報酬が保障される先輩リーダーが不在していることと
も関連すると考えられる。このような問題は短期間で解決できることではな
い。権限と責任に見合う処遇を提供することと同時に、中間リーダーに責任
が集中しすぎないような仕組みづくりが必要である。つまり、小チームごと
の業務や責任割当の見直しを行ったり、権限や役割に基づく人事考課制度の
導入等を通して、中間リーダーとして働くことのメリットを増やしていかな
ければならない。これには、多くの資金が要され、大きな組織の変革が求め
られるが、チームワークや職員の職務満足、そしてサービスの質の視点から
見ても中間リーダーの適切な育成は組織管理の要であるため、長期的な視点
で惜しまずに投資すべきであると考える。

　一方、施設長については、近年、社会福祉施設・機関での実務経験者、い
わば福祉のプロパーのみでなく、経営管理を強化する目的から民間からスカ
ウトされて施設長になったり、介護市場の拡大により自ら施設を立ち上げて
施設長になるケースも増えている。異なる専門領域の優秀な人材を管理職に
採用することによって、これまで社会福祉施設の弱みとされていた経営感覚
や組織マネジメント能力が活性化され、効果をあげている施設も少なくない。
しかし、一部では企業的性質を取り入れすぎて本来の施設の持つミッション
の遂行を阻害したり、施設の特徴を十分に把握しないまま組織体制や人事考
課制度の改革が進められたり、地域社会での自主事業による福祉実践に対す
る理解の不十分さなど、副作用が生じる場合も見られる。

　したがって、異分野からのリーダー職の経営管理スキルを福祉施設に円滑
に活かすためには、緩衝機能としての施設長研修の活性化が重要である。研
修のカリキュラムのなかに、制度変化の理解や人事管理方法等の経営管理に
特化した内容のみでなく、福祉現場における人間像、地域社会との関わりや
地域貢献活動の意義や社会・経済的効果など、社会福祉法人としてのミッショ
ンと融合させた形の教育プログラムを取り入れる必要がある。

## 2. 地域貢献活動の協働的・戦略的な実践

　近年、社会福祉法人の地域貢献活動の重要性が外圧的及び内発的な動機によってますます強調されている。外圧的動機とは、社会福祉法人への税制優遇・補助金の妥当性や内部留保額の社会還元等に関する社会からの要求に応えるために地域貢献活動を行うことを意味する。一方、内発的動機とは、社会福祉法人の存在意義が問われるなか、その反省としての自主的な取り組み、若しくは法人税課税等の政策議論の対抗策としての地域貢献活動の実施を意味する。いずれの動機に基づいても地域貢献活動は重要であり、社会福祉法人の存在意義を示す方法であるとともに、有効な経営戦略であると言える。

　介護老人福祉施設は、かつて嫌悪施設として認識され反対運動等により街から離れた場所に建てられ、地域社会との交流がほとんどない時代があった。しかし、近年では介護ニーズの普遍化や介護の社会化が進む中、地域の生活圏域内に整備される施設も増えている。また、施設に併設されている地域包括支援センターや在宅サービス事業所などの利用も増え、物理的距離感が緩和されると共に、身近な地域社会の資源として認識されつつある。

　今日における介護老人福祉施設の地域貢献活動は、かつて「施設の地域化」が目指していた施設の閉鎖性の緩和の視点を超え、利用者の生活圏域でもある地域社会の中で、お互いの支え合いの活動として展開していかなければならない。これらの活動は、単に施設の設備や空間を地域住民に開放することにとどまるのではなく、施設の利用者が地域社会と常に交流することができ、さらに地域社会は施設の様々な事業や問題解決機能を活用するという相互作用の関係を目指すことが求められる。また、社会福祉法人が経営する公益施設としての使命を果たしながら地域の共有資源としてあり続けることが必要である。そのためには、一定の事業収益を前提に事業の継続性を保つことと同時に、収益を地域に還元するシステムを有することが求められる。それこそ、社会福祉法人の存在意義を果たしながらの持続可能な施設経営であり、他の福祉サービスの供給主体と差別化できる経営戦略と言える。

　その具体的な活動として、施設の有するサービス提供機能や相談機能、地域資源のネットワーク機能等を用いて、制度・政策の枠内で解決できない個

人や地域のニーズ、営利企業等が提供しようとしない福祉サービスなどに積極的に取り組むことが求められている。そのためには、地域社会のニーズキャッチのためのアウトリーチ活動や、あらゆるニーズに対応できる総合相談の体制を整えることが必要である。

　一方、地域貢献活動を一法人一施設のような小規模法人・施設で実施することは、資金や人材面等に限界があるため、積極的な展開を期待することが難しい側面もある。したがって、単独の法人・施設による地域貢献活動だけでなく、複数の組織による連携・協力を通して活動を展開することも重要である。その先進事例として知られる大阪府社会福祉協議会と同老人部会による「生活困窮者レスキュー事業」（大阪府社会福祉協議会 2010）は、複数の法人・施設からの資金・人材・物資等を基に地域社会の福祉問題の解決に積極的に取り組んでいる良い例である。連携・協力を促すプラットフォームの構築は、地域貢献活動の協働的な実践における重要な要素と言える。

　近年、社会福祉法人が社会的に批判の的となり、法人税課税の議論など厳しい政策的議論の動きのなかで、それに対抗する形で社会福祉法人の存在意義をアピールしようとする取り組みが様々なレベルで行われている。しかしそれらの活動の主体の多くは、意識の高い一部の法人であり、未だ特定の事業のみを行っている小規模法人等の多くはそれらの活動に積極的でない状況である。昨今の社会福祉法人に対する批判は、一部の社会福祉法人の経営実態（高収益率や内部留保額の多さ）あるいは不正や怠惰などから負のイメージが形成され、それが全体の社会福祉法人を代表するような、一般論として論じられていることが多い。同じ論理で、地域貢献活動の展開においても、熱心な法人が積極的に取り組んでいても、一部では取り組んでいないとすれば、またそれだけが取り上げられることになろう。

　したがって、余力のある法人のみでなく、地域性や規模等により地域貢献活動に取り組みにくい法人や、具体的な実践方法が分からない法人などをも巻き込んで、社会福祉法人全体の取り組みとして展開していかなければならない。いわば、ネットワーク型の地域貢献活動の仕組みを全国的に広げることが必要である。地域社会を基盤とした社会福祉法人のネットワークによる

公益的活動が全国的に広がれば、営利企業等では取り組むことのできない、社会福祉法人ならではの社会福祉事業・実践の領域が新たに形成されることになるであろう。それこそ、社会福祉法人の持続可能性を確保する有効な経営戦略であり、存在意義を社会に知らしめる活動と言える。

### 3. 「社会的企業」を目指すこと

　社会的企業（Social enterprise）とは、社会的な目的のために活動し、その収益は株主や所有者の利潤を最大化するためではなく、主にその事業やコミュニティのために再投資される事業体である（DTI2002：1＝米澤 2011：17）。社会的企業は、2000 年以降、欧米において社会サービスの担い手としてのサードセクターの再編成のなかでその重要性が強調され、政策的・実践的な発展が進んでおり、近年、日本においても注目を浴びている。

　社会的企業の本質は、①社会性（社会的目的、ソーシャル・イノベーション、社会的所有）、②持続可能性、③企業型経営志向によって構成される（山本 2012：59-60）。つまり、社会的企業は、収益の最大化を目指す組織ではなく、一定の経済的報酬を求めながらも、最終的には社会的目的の実現を追求する。また、このような複眼的な発想を持って、必要な経済的目標を社会的目標と結合させて活動を実践する組織である（山本 2012：59）。

　社会福祉法人を社会的企業の本質に照らしてみると、社会福祉法人は社会的企業そのものであると言える。つまり、社会福祉法人は、①社会の福祉増進を目的として設立された持分や配当を認めない組織であり（＝社会性）、②サービス提供の継続性担保のために安定的な財源確保が重要であり（＝持続可能性）、③地域社会の状況やニーズを踏まえたサービスの開発・提供という顧客志向性が求められると共に、成果の増進や生産性・効率性の向上のための組織管理能力が重視される（＝企業型経営志向）等、社会的企業の基本要素を全て有するのである。

　しかし、従来の社会福祉法人は、長年に渡り措置制度という「行政の支配」における運営であったため、上記の「②持続可能性」のための自助努力や、「③企業型経営志向」が弱かったことは認めざるを得ない。日本におけ

る社会的企業に関する多くの文献においても、NPO法人や協同組合、公益性の高い企業法人等を社会的企業の代表的な経営組織として取り上げることが多く、社会福祉法人を社会的企業として明確に位置付けて論じるものはほとんど見当たらない。その理由については、従来の社会福祉法人における官制的特性及び、守られてきた経営による自律性の乏しさに起因するものと考えられる。

　近年における社会福祉法人の経営のジレンマの本質は、公益性・公共性の低下による組織の存在意義の揺らぎに始まり、その存在意義を取り戻しながら同時に事業の継続性を確保するための経営努力を進めることの両立困難さにあると言える。このような経営のジレンマを打開する戦略として、社会的企業をめざしていくことを提案したい。以下では、介護老人福祉施設及びその経営主体の社会福祉法人が目指すべき社会的企業の基本的な要素である、「社会性」、「持続可能性」、「企業型経営志向」に分けて、それぞれの取り組みの方向性について論じることとする。

　まず、社会性の追求である。社会福祉法人が制度創設当時の社会状況とは大きく異なる今日においても、その必要性が認められるためには、他の組織と差別化される特有の公益性を持たなければならない。言い換えると、社会福祉法人の存在根拠を示すことが出来なければ、他の供給主体との公平性の視点から公費による補助や優遇策はやめるべきであるし、そうなれば社会福祉法人になるメリットも当然なくなる。それは社会福祉法人制度の廃止を意味するものと同様である。したがって、社会福祉法人は、改めて自らの組織のミッションを社会性の視点から設定し直す必要がある。良いサービスを提供することや、利用者本位といった今日では福祉サービス提供の基本理念となっている一般的なミッションだけでなく、公益特別法人として果たすべき地域社会での活動等に関するミッションを明確に示し、それを追求していかなければならない。それは、地域に根差した法人経営を目指すことであり、地域社会の状況やニーズの変化に敏感に対応できるソーシャルワークの拠点機関としてあり続けることを意味する。

　二つ目に、持続可能性の追求である。従来の社会福祉法人や施設は、委託

費や補助金によって事業が運営されていたため、財源を自ら積極的に稼いでいくと言う発想は必要なかった。しかし、今日では社会福祉事業への公的資金の支出が大幅に削られるとともに、経営の自立・自律が求められるなか、効率的な財務管理や自主財源の確保が非常に重視されるようになった。特定の目的事業以外にも、地域社会のニーズや課題を解決するための地域福祉活動が求められるなか、地域企業や機関からの独自の募金活動を行うなど、自己努力による持続可能性を追求していくことが重要である。さらに、政府や自治体、民間財団等が募る福祉関連事業への助成金にも積極的にチャレンジする必要がある。公的資金が削られているのは事実だが、その代わり、先進的な福祉活動や事業に対する助成金は現在も多数存在する。それらの助成金は、活動の先進性や公益性、効果性を評価することが多く、募集の際には、事業の趣旨や計画を具体的に求める場合が多い。これらの助成金を受けることで、地域社会に必要な新しいサービスや事業を開発・提供することができ、新たな事業展開の拠点を構築するきっかけを作ることができる。したがって、それらの資金を獲得するだけの企画力を備えた人材を育てることが重要である。介護や福祉を学問ベースとする職員のみならず、経営や企画・財政の知識や経験を有する職員を新規採用又はスカウトすることも必要であろう。これらの職員は企画、広報、財源獲得に関わる専門人材として、施設の経営改革や持続可能性の向上に大いに活用できると考える。

　三つ目に、企業型経営志向の追求である。従来のような制度内におけるソーシャルワークの実施のみを重視する経営体質では、急変する経営環境に適応していくこがと厳しくなってきている。これからの経営においては、自分たちのミッションを達成するための財源をどう確保するかを工夫すると共に、組織の持つ力を十分に活用することが重要であり、そのためには企業型経営の志向を育んでいかなければならない。ここで、企業型経営志向とは、営利追求型の経営を意味するのではなく、組織やサービス、人材管理の側面における企業型経営手法の肯定的な要素を社会福祉法人の経営に取り入れることを意味する。具体的には、潜在的利用者の確保のための高付加価値サービスの開発、サービスの質や地域貢献を売りにした積極的な広報活動、地域社会

のニーズや競争事業所の動向把握等の市場調査、感覚や気持ちのみではなく見える化を伴うサービスの質の向上等、利用者を「待つ」経営ではなく、利用者に「出向く」積極的な経営戦略を取り入れることが求められる。

このように、誰もが提供できるサービスではなく、「社会性」の側面からオリジナリティーの高い事業アイテムを持って、自己資金の獲得を通して「持続可能性」を確保しつつ、「企業的経営」の肯定的な要素を十分に活用した経営が、社会的企業としての社会福祉法人に求められる経営と言える。

## 第2節　持続可能な介護保険制度の経営

### 1. 介護報酬改定のルールの提示

近年、介護老人福祉施設の非貨幣的な経営成果（職員満足、サービスの質、地域貢献活動）の低下傾向が見られるが、経営に対する「不安」がその最も大きな原因であると考えられる。施設を経営するにあたって、将来、施設の建て替えや修繕等のための減価償却費を確保することは、施設の持続性のための最も重要な部分である。そのため、多くの施設はある程度の収益率を維持し、将来の活動資金を積み立てていく。しかし、実質的に、殆どの収入を介護保険事業から得る介護老人福祉施設の場合、3年ごとに行われる介護報酬改定によって収入が左右され、実際に、介護保険制度改正以降、連続2回にわたるマイナス改定は施設経営に大きな不安を与えた。それにより、今後またどう変わるか分からない介護保険制度の方向性や介護報酬改定に対応するための「防衛的な経営戦略」をとる傾向が強まったのである。人件費を削り、利用者に対する介護保険制度内のサービス以外の「余計な」事業には手を出せなくなったと言っても過言ではない。実際に、本研究の実証分析においても、収益率が一定水準以上を超えると、職員に対する教育・研修などに取り組まなくなる傾向があり、さらには職員の処遇や同僚関係に関する満足度やサービスに対する自己評価も低下することが明らかになった。収益率を追求するために人材に対する投資や人件費などの処遇を抑えるといった現状が反映された結果である。

従って、施設の「防衛的な経営」の状況を改善させるためには、経営不安を解消し、真の経営努力のプラス効果を引き出すことが求められる。そのためには、今の介護報酬改定の方針を改めることと、適正利益率や適正人件費率を示す事が必要である。介護報酬改定を介護事業経営実態調査の結果に重みを置いた貨幣的評価基準だけでなく、利用者・労働者・経営者・制度立案者の多様な主体による人材やサービスの質に関する客観的な指標の変化を踏まえた報酬改定の基準を設けるべきである。また、施設経営のガイドラインとして適正利益率や人件費率の範囲を示し、それに照らし合わせ自分たちの経営の水準を「自己管理」することができるシステムを構築する必要がある。また、それを介護報酬改定に反映させることも必要である。

　介護保険制度開始以降、施設ごとの経営力の差が広がり、収益率にも大きな差が生じた。「経営力」の中身は目に見えにくいものであるため、一概には言えないが、経営力が上述した人件費やサービス費用の削減に影響を与えたことは否定できない。

　本研究のインタビュー調査のなかでも、収益率が平均値よりはるかに高い（25％以上）施設があったが、その施設の組織構造はまさに人材確保の持続可能性が難しく、サービスの質にも負の影響を及ぼしかねない状況であった。最近、それに気づいた経営者は何とかその状況を改善しようと職員体制の充実や経営革新を図ろうとするが、長年に渡りつくられてしまった職員の責任回避の傾向やチームワークの弱さ等の「負の組織文化」の改善は、かなりの時間と努力を要するであろう。高い収益率を出し続ける一方で、施設内の組織力やサービス提供体制の変化に気づかない状況が続き、職員が意欲を失い、サービスの質の低下につながったのである。しかし、このような問題が顕在化した時点では既に手遅れとなり、元の状態に戻すことが困難であるといった一連の流れが窺える。

　このような「収益率追求型経営」に陥った原因は、追求すべき収益率（適正利潤）の水準に対する目安がなかったからではなかろうか。すべての施設が先に述べたような極端な経営のやり方をとっているとは言えないが、介護保険制度以降、収益追求が解禁されたことによって高い収益率を出すことを

重要な経営目標としている施設も少なくない。しかし、それに対する自己反省もしくは公益的経営を求める声も多く、あまりにも高い収益率を出している施設に対する批判や、収益追求型の企業的な事業展開をする社会福祉法人や施設に対する批判などもある。しかし、このような批判の根拠を示す事は難しく、そのものさしもない。したがって、施設の自己制限もしくは自己管理による公益性や社会性の高い経営をしていくための客観的な基準が必要であり、それは、介護保険制度側の役目であろう。

例えば、「$α$％以上の収益率はサービスの質を低下させる恐れがある」など、客観的な判断のもと、一定水準以上の収益率は施設の持続可能性を害するものとして位置づけることによって、それらのガイドラインに沿って、自己制限、自己管理できる経営につながると考える。もちろん、この$α$％の水準については議論が必要であり、決して簡単にきめられるものではないと考えられるが、少なくともモラルハザードの状態にある施設の経営を是正するだけの$α$％を導き出すことは、それほど難しい事ではないであろう。さらに、この$α$％基準を介護報酬改定に連動させ、全国的に$α$％以上、以下であれば、それぞれ減額改定、増額改定をするという介護報酬改定の方針を明確にすることによって経営の自己管理ができるのではなかろうか。また、個々の施設に対しては、$α$％以上で一定の収益率を超えた場合は、介護保険給付額にペナルティーを与えることも経営の自己管理を誘導する方策の一つであると考える。

介護保険制度が導入されてから、もっぱら、施設の経営に対する「自己努力」を求め続けてきたが、これからは経営に対する「自己管理」を求めることが必要な時期に来ている。そのための経営環境づくりは、介護保険制度側の重要な役目である。サービス提供者の自己管理に基づく健全な介護市場を形成・維持していくことは、介護保険制度の持続可能性を担保するものでもあると考える。

## 2. 評価制度の強化とインセンティブの導入

経営における自己管理をより活性化させるためには、評価制度と経営改善

のインセンティブを連動、強化する必要がある。

　介護保険事業の評価制度に第三者評価があるが、認知症高齢者グループホームと小規模多機能型居宅介護事業所を除き、その他の介護保険サービスについては、事業者の判断による任意評価であるため、受審率が極めて低い。特に、介護老人福祉施設の受審率は7.52％（2010年度）で、そのほとんどが東京都や京都府、神奈川県、愛知県、大阪府に集中している。一方、第三者評価の効果については、業務体制やサービスの改善に対する自発的な工夫のものさしとして活用されるなど、一定の効果が認められている。本研究のアンケート調査においても、第三者評価の実施によるサービスの質の改善効果について期待する意見が多く述べられている。しかし、実際に第三者評価を受審している施設は少なく、第三者評価の必要性と実際の受審には大きな隔たりが存在し、その普遍化が求められている。

　したがって、介護老人福祉施設における第三者評価の実施を義務化し、サービスの質の向上の一般化を図ることが必要と考える。現在、介護老人福祉施設は在宅介護サービスとは異なり、多様な供給主体の競争によるサービスの質の向上が期待できる仕組みではない。むしろ、入所待機者52万人という需要が供給をはるかに超えている状況であり、利用者による施設の選択さえできない「逆選択」の状況にある。したがって、競争原理に基づくサービスの質の改善を求めるには限界があり、介護保険制度の介入により人為的にサービスの質を管理する必要があると言える。そこで、第三者評価を義務化することによって、サービスに対する最低水準の整備ではなく、他の施設との比較優位を検討することができ、競争原理が働くことになるであろう。

　またその際に、評価の結果に基づきサービスの質が懸念される施設については継続的な指導・監督を行い、サービス改善を促すと共に、評価結果の水準に応じて介護報酬や補助金等におけるペナルティやインセンティブを導入することによって、経営の自己管理や自己努力を促すことが出来ると考える。

### 3. 介護従事者の処遇改善と負担軽減

　介護従事者の処遇の低さや職場離れが社会的に認識されはじめ、2009年

終章　持続可能な施設経営と制度経営を目指して

には、補正予算を財源とした介護職員処遇改善交付金が講じられた。この一時的対策は、当時民主党が 2009 年衆院選マニフェストで掲げた月額 4 万円増までは至らなかったが、月 1 万 5 千万程度の賃金増の効果をもたらした。しかし、一回限りの臨時対策であったため、現場においては介護労働者の賃金引上げの根本的な手立てにはなっていない。また、社会保険制度への公費の投入に対する妥当性についても議論の余地がある。国庫負担による措置を続けると、事実上国費中心の制度へと逆行し、後々の給付抑制を招くことになるからである（堤 2010：141）。

　2012 年の介護報酬改定では、継続的に職員の処遇改善を図るために「処遇改善加算」を設けられたが、これも 2015 年 3 月までの暫定的な措置として位置づけられ、その後の実施の可否は不透明な状況である。このような短期的、臨機応変的な対策ではなく、介護報酬改定を計画的に行い、介護報酬の適切な設定によって経営者側の努力を促すことを前提に介護労働者の賃金向上を図るべきである。

　しかし、職員の金銭的な処遇改善さえできれば今の人材確保の問題が全て解決するかのような論理は適切でない。一定以上の処遇条件の整備は必要であるが、介護労働者の身体的・精神的な負担の軽減や職員一人ひとりの生涯におけるキャリア形成の視点も重要である。2012 年度から介護職員によるたん吸引や経管栄養等の一定の医療行為が認められたが、これがさらに介護職員の負担につながることが予想される。重度の要介護者の増加により入所施設の医療行為の必然性が増した結果であり、その実施についても加算がつけられることになった。しかし、たんの吸引等が必要な利用者のほとんどが要介護度 4、5 であるため、重度化対応加算と重なり、その効果はほとんどないと指摘されている（日本労働組合総連合会 2012）。また、加算から得られた収入が職員の給与増に反映されなければ、介護職員に対する「負担の加算」に過ぎない。看護職員などとの適正な役割分担や権限を明確に示すと同時に、役割の拡大に対してそれなりの報酬が職員レベルに反映される仕組みを作る必要がある。

　最後に、近年の社会福祉法人の内部留保の問題と介護従事者の処遇改善を

つなげて論じようとする動きも見られるが、その危険性についても言及しておきたい。社会福祉法人の内部留保額が膨大な額であるので、その資金を各々の法人・施設の職員の処遇改善に投じるべきとの論理は、内部留保額の効果的な活用という視点からすると理屈にかなうものである。しかし、それを理由に介護報酬を凍結あるいは減額改定するようなことがあってはならないことを指摘しておきたい。地域差や法人規模等により法人ごとの内部留保額の偏差が大きすぎるため、それを財源として自主的に処遇改善を進めることは、介護従事者間の処遇の更なる格差を生じさせるであろう。介護従事者の処遇改善は、健全な介護保険制度の運用によって解決すべき課題であり、その責任を各々の法人・施設の経営責任として転嫁することは、準市場の管理責任者として望ましいことではないと考えられる。

## 第3節　新たな経営環境の変化と今後の研究課題

　本研究では、福祉経営の時代において社会福祉法人が経営する介護老人福祉施設の持続可能な経営のために追求すべき経営成果と、それを達成するための組織管理の戦略、そして安定的な市場管理のための介護保険制度の在り方について、質的及び量的研究方法による実証分析を踏まえ、具体的な提言を示すことが出来た。組織論と制度論の双方の視点から総合的に分析し、双方に対して提言が示されたことは、本研究の大きな成果であり、オリジナリティーである。また、これらの議論を質的及び量的分析を混合的に使用し、エビデンスに基づき論じた点は、他の研究と差別化されるところと言える。
　しかし、研究対象を介護老人福祉施設に限定したため、社会福祉法人の経営にかかる本格的な議論には及んでいない。また、事業経営者と従事者のみを調査対象としたため、サービスの利用者や政策立案者の視点が反映されていないのも本研究の限界と言える。なお、研究の限界については、各章にも言及しているため、ここでは今後の研究課題について、近年の新たな経営環境の変化を踏まえたうえで、いくつかの論点を示すこととする。

終章　持続可能な施設経営と制度経営を目指して

## 1. 経営環境の変化の第二のステージ

　福祉経営の時代の始まりとも言える介護保険制度の施行は、参入規制の緩和、新たな会計基準の導入、施設整備及び人員配置基準等の変更、イコールフッティング施策など多くの経営環境の変化をもたらし、社会福祉法人の経営の在り方を大きく変えるものであった。この時期における経営環境の変化を、「第一のステージ」と位置付けるとしたら、近年の社会福祉法人の在り方に係る一連の社会的・政策的な変動を経営環境の変化の「第二のステージ」と呼ぶことが出来よう。

　近年、社会福祉法人における「内部留保」、「地域貢献活動の義務化」、「法人税課税化」等に関する議論は、今後の社会福祉法人の在り方を大きく変える重要な論点と言える。以下では、それぞれの概略について整理する。

### 1）社会福祉法人における内部留保の問題

　内部留保（retained earnings）とは、企業が経済活動を行いその成果として得られた利益のうち、企業内部へ保留され蓄積された部分を意味する。社会福祉法人の内部留保については、社会福祉法人への補助金や税制優遇を利用して得られた事業利益が法人内部に蓄積されていると指摘され、全国的に膨大な額に上ると推計される内部留保額を社会に還元することが求められている。

　内部留保を問題視する世論の発端は、2011年7月7日、日本経済新聞の「経済教室」に掲載された「黒字ため込む社会福祉法人―復興事業への拠出議論を」に始まる（荻原2014：18）。著者の松山幸弘氏は、そこで、社会福祉法人全体の純資産の合計額は13兆円規模で、「黒字や純資産の合計額はトヨタを上回る」と指摘し、それを社会還元しなければ税制優遇等を受ける資格はないと主張し（日本経済新聞2011）、社会的に大きなインパクトを与えた。

　その後、同年11月の行政刷新会議では、内部留保額の介護職員の処遇改善などに活用すべきと指摘される（内閣府2011）。さらに、12月の社会保障審議会介護給付費分科会では、厚生労働省により、社会福祉法人が経営する

特別養護老人ホームの1施設当たり平均で約3億782万円の内部留保額があるとの報告がされる。その後の厚生労働省の委託調査では、特養1施設当たり、発生源内部留保としては約3.1億円、実在内部留保としては約1.6億円と推定額が示された[1]（厚生労働省 2013）。

このように内部留保額の規模については、算式方法の妥当性について議論されるなかで、実在する資金に絞る形で一施設当たりの推定額が減ってきたが、概ね「1億以上」という水準で推定値が示されている。内部留保については、社会福祉法人の在り方や規制改革に関する議論のなかでも、地域貢献活動の義務化や法人税課税の議論の根拠として提示されることが多い。これに対する社会福祉法人側の反論もあり、内部留保は「将来の施設のための建て替え費用」であるため一定の内部留保は必要であると主張してきた。しかし、これらの反論を踏まえた形で、厚生労働省は2014年9月、社会保障審議会福祉部会において、社会福祉法人の公益性を担保するための新しい財務規律の考え方として、内部留保から事業に必要な財産や運転資金を除くことで「余裕財産」を明確化し、計画的に再投下することを法人に義務付けることを提案している（厚生労働省 2014a）。つまり、内部留保に計上されるお金を、将来の施設整備等に使われる資金とそうでない資金とで明確に分けて管理し、計画に基づいた将来の必要財産や運転資金の以外の余裕資金については、地域貢献活動等を通して社会に還元することを求めるものと言える。

しかし、社会福祉法人の内部留保に関する論理については、いくつか指摘しておくべき事項がある。それは、内部留保額として示されている金額は、全体の「平均額」であるため、実際には内部留保が存在しない法人もあることや、法人規模や事業種類、地域特性を無視して一概に一定額以上の内部留保額が蓄積されていると論じることである。このような全体論としての論理は、各々の地域社会の実情や法人の経営状況に基づく妥当な水準の内部留保についても「儲かりすぎ」や「ため込みすぎ」のイメージを被せ、蓄えること自体を否定する論理になってしまう。全体としての社会福祉法人の批判論ではなく、不正による収益確保・蓄積や常識の範囲を超えた高い水準の内部留保額を有する法人、つまり、内部留保に「問題がある法人」のみを対象に

した「内部留保の問題」を取り上げるべきである。少なくとも、内部留保の算出においては、どんぶり勘定ではなく、法人規模や地域区分、設立時期等の属性を反映させた数値を示した上で、その改善策が論じられるべきであろう。

2) 社会福祉法人の地域貢献活動の義務化

地域貢献活動の実施については以前からも求められてきたが、その義務化の議論が出てきたのは 2014 年に入ってからである。

2014 年 6 月 24 日に閣議決された『規制改革実施計画』では、厚生労働省は 2014 年度までに結論を得て、「すべての社会福祉法人に対して社会貢献活動」の実施を義務づけること」、そしてそれに関連する「所要の制度的な措置を講じること」が示された。それを受け、2014 年 7 月、「社会福祉法人の在り方等に関する検討会」の報告書「社会福祉法人制度の在り方について」（2014 年 7 月 4 日公表）が出されたが、そのなかに重要な論点の一つとして、「地域における公益的活動」の義務化が提案されている（厚生労働省 2014b）。

前述の内部留保や後述する法人税課税という二つの大きな波に押される形で、もはや社会福祉法人の地域貢献活動の義務化は避けられない状況になってきている。

しかし、上記のいずれにおいても「社会貢献活動」・「地域における公益活動」についての明確な定義が示されず[2]、社会福祉法人の本来の事業である社会福祉事業や公益事業等との関係が曖昧なままに議論が展開されており、今後、その義務化が実現しても大きな論点になると考えられる。

3) 社会福祉法人の法人税課税化

社会福祉法人は、公益性を根拠に原則的に法人税非課税の対象となっている。一方、通所介護や訪問介護等の介護保険事業については、社会福祉法人が行う場合は非課税、営利企業が行う場合は課税であり、イコールフッティング論における代表的な不均等な経営環境条件の例として挙げられることも多い。

しかし、近年、社会福祉法人に対しても、法人税課税についての検討が進められている。2014年6月に出された政府税制調査会の報告書「法人税の改革について（案）」では、公益法人課税の見直しの議論のなかで、「特定の事業者が行う場合に非課税とされている事業で、民間と競合しているもの（例えば社会福祉法人が実施する介護事業）については、その取扱いについて見直しが必要である」と述べ（内閣府2014）、社会福祉法人が行う介護保険事業に対する法人税課税化が言及された。その後、本格的な議論が進められており、その可否に多くの注目が集まっている。これは、営利企業等とのイコールフッティングの視点に基づく議論であるが、地域貢献活動の義務化の議論が行われる真っ最中に、課税論まで加わり、社会福祉法人はますます進退両難の危機状況に引き込まれていくことになった。

　今回の課税論は、介護事業に限られたものであるが、今後、他の事業にも広がる可能性がないとは断言できず、社会福祉法人の経営における不安定要素として、今後も継続的な議論の対象になることが予想される。

### 4）経営環境の変化と経営戦略

　このように、近年の社会福祉法人を巡る経営環境の変化は、その第一のステージ以上に激しいものである。社会福祉法人に対する信頼性が問われ、それが政策的にも不利な方向に傾いて急速に進んでいる。

　しかし、近年の社会福祉法人への厳しい要求は、今後も継続的に議論され続ける問題であると考えられる。日本の国家財政上の厳しさが解決されない限り、公費支出の制限の論理から社会福祉法人への課税や自助努力を求める政策は止まらないであろう。その切り口と言えるのが前述の法人税課税化であると言える。介護事業から始まった課税の論理は、今後よりその対象範囲を広げようとするであろう。

　このような厳しい経営環境の変化のなか、社会福祉法人の存在意義のマジノ線、つまり地域社会のセーフティネット機能を十分に果たせる信頼ある組織としてあり続けるための経営努力が必要であることは言うまでもない。それに加え、社会福祉法人の新たな付加価値を創造すること、つまり社会福祉

法人のみが行える新たな事業領域を作っていくことこそ、今後における社会福祉法人の最も有効な戦略であろう。そのためには、社会性の高い事業を探し求め、それによる収益や活動に共感する寄付者を増やして自主財源を獲得すること、さらには古い経営体質を刷新し経営感覚を育むことが求められる。

## 2. 今後の研究課題

　以上を踏まえ、今後の研究課題として次のようなテーマを想定している。
　まず、社会福祉法人の地域貢献活動の活性化に関する研究を進めて行きたい。地域貢献活動の重要性が叫ばれるなか、先進的な事例についてはある程度把握できているが、他にも地域社会で評価されている活動事例を発掘し、その活動内容や実践方法の普遍化を促すための具体的な方策を探っていきたい。
　二つ目に、社会福祉法人のサービス開発機能に関する研究である。社会福祉法人のもつ強みは、ソーシャルワークの専門集団であることである。個人や地域社会が抱える新たなニーズに的確に応えるためには、既存のサービスのみならず、新たなサービス開発をし続けなければならない。地域社会における新たな個別のニーズとサービスがマッチングし、さらにそれがビジネス性を持つ事業として発展する一連のプロセスや促進要因を、事例研究を重ねることによって明らかにしていきたい。言い換えると、社会福祉法人の社会起業による福祉サービスの開発・提供に関する研究である。
　三つ目に、地域社会における多様な組織のネットワークによる地域福祉実践の仕組みづくりや具体的な方法について、実践研究を通して明らかにしていきたい。社会福祉法人は地域福祉における重要な資源であると自負するにも関わらず、NPOや社会福祉協議会などの他の組織からは、強力なパートナーとして受け止められていない様子が見受けられる。ソーシャルワーク実践においても、社会福祉法人が経営する施設や機関については地域社会のフォーマルな資源として活用されているが、社会福祉法人という（法）人格をインフォーマル資源として積極的に活用しようとする発想はそう多くないと思われる。したがって、お互いの資源を共有する接点や仕組みづくりが必要

であり、社会福祉法人と様々な地域社会の組織との連携による地域貢献活動は有効なものと考えられる。さらに、それが本当に地域に貢献する活動と受け止められるためには、福祉サービスのみでなく、地域社会における身近な生活ニーズに耳を傾けなければならない。そのような生活ニーズにつながっている地域住民や様々な組織との連携・協力は、地域貢献活動をより豊かなものにするであろう。これこそ、地域貢献活動の義務を果たす活動ではなく、地域社会と共に生きるための社会福祉法人の優れた経営戦略と言える。

　本研究においては、社会福祉サービスの事業体の経営を意味する「施設経営」をテーマにしたが、今後の研究ではより視点を広げ、福祉サービスに関わる起業活動に着目した「社会起業経営」、さらには地域社会における住民参加や専門職連携・協力を活かした地域福祉実践に着目した「コミュニティ経営」も含めて、経営管理の手法を用いたソーシャルワーク実践の総体としての「福祉経営」に関する研究を総合的に進めて行きたい。

注────────
1) 発生源内部留保：内部留保の源泉で捉えた「貸借対照表の貸方に計上されている内部資金」を意味する。一方、実在内部留保は、内部資金の蓄積額のうち、今現在、事業体内に未使用資産の状態で留保されている額（減価償却により、蓄積した内部資金も含む）を意味する。
2) 規制改革実施計画（2014年6月24日閣議決定）では、「社会貢献活動」について、「生計困難者に対する無料・低額の福祉サービスの提供、生活保護世帯の子どもへの教育支援、高齢者の生活支援、人材育成事業など」と活動の具体的な例を挙げて説明している。また、後述の「社会福祉法人の在り方等に関する検討会」報告書においても、「地域における公益的活動」の定義については、「地域における公益的な活動について、どのようなものがその活動に当たるのかということについては、地域性を考慮することや、多様な支援が可能となるよう、規定の在り方について更に検討を深めるべきである」としている。

## 文献

DTI(Department of Trade and Industry)（2002）『Social Enterprise：A Strategy for Success』(http://www.faf-gmbh.de/www/media/socialenterpriseastrategyforsucess.pdf) = 米澤旦(2011)『労働統合型社会的企業の可能性――障害者就労における社会的包摂へのアプローチ』ミネルヴァ書房.

『日本経済新聞』2011 年 7 月 7 日朝刊「経済教室：黒字ため込む社会福祉法人――復興事業への拠出議論を」

グレッグ美鈴(2005)「臨床看護師の組織コミットメントを促す経験」『岐阜県立看護大学紀要』6(1), 11-18.

荻原康一(2014)「社会福祉法人改革をめぐる議論と課題：『内部留保論』を中心とした考察」国民医療(318), 17-27.

厚生労働省(2013)「特別養護老人ホームの内部留保について」『第 7 回介護給付費分科会――介護事業経営調査委員会』資料 3．(http://www.mhlw.go.jp/stf/shingi/2r98520000032jrz-att/2r98520000032k1y.pdf)

厚生労働省(2014a)「業務運営・財務運営の在り方について」『第 5 回社会保障審議会福祉部会』資料 1．(http://www.mhlw.go.jp/file/05-Shingikai-12601000-Seisakutoukatsukan-Sanjikanshitsu_Shakaihoshoutantou/0000060599.pdf)

厚生労働省(2014b)「社会福祉法人制度の在り方について」『社会福祉法人の在り方等に関する検討会』報告書．(http://www.mhlw.go.jp/file/04-Houdouhappyou-12004000-Shakaiengokyoku-Shakai-Fukushikibanka/0000050269.pdf)

山本隆(2012)「第 2 章　社会的企業の台頭」神野直彦・牧里毎治編『社会的起業入門――社会を変えるという仕事』ミネルヴァ書房.

大阪府社会福祉協議会(2010)『社会福祉法人による生計困難者に対する相談支援事業　手引書 Ver.1　第一分冊　社会的効果検証報告書』．大阪府社会福祉協議会.

堤修三(2010)『介護保険の意味論――制度の本質から介護保険のこれからを考える』中央法規出版.

内閣府(2011)「行政刷新会議ワーキンググループ『提言型政策仕分け』WG-B」『行政刷新会議』資料．(http://www.cao.go.jp/sasshin/seisaku-shiwake/common/pdf/handout/586cd5cb-dbc6-0fea-827b-4eddb5acaf63.pdf)

内閣府(2014)「法人税の改革について（案）」『税制調査会』資料(http://www.cao.go.jp/zei-cho/gijiroku/zeicho/2014/_icsFiles/afieldfile/2014/06/26/26zen10kai2.pdf)

日本労働組合総連合会(2012)「2012 年度介護報酬改定について」(http://www.jtuc-rengo.or.jp/kurashi/kaigohoshu/kaitei/index.html)

入江昭子・賀来かおり(2005)「看護マネジメントの方向性を見出す　離職希望と職務満足度の関連における一考察」『日本看護学会論文集　看護管理』35, 363-365.

## あとがき

　本書は、2013 年度法政大学博士学位請求論文『介護老人福祉施設における経営成果とその影響要因に関する研究——介護保険制度下における施設経営への制度的・組織的要因に関する実証分析』に加筆・修正を加えたものである。本研究を進めるにあたり、多くの方々にたくさんのご指導とご協力、励ましをいただいた。この場を借りて深く感謝の意を表したい。

　まず、本研究の調査に協力してくださった社会福祉現場の多くの方に敬意を表すると共に感謝を申し上げたい。研究の入り口の段階では、8 名の介護老人福祉施設の施設長が法人・施設の経営に関するインタビュー調査に応じてくださった。施設経営の実態や日々の悩み、政策への評価や期待等に関する率直な意見から、研究の大枠と詳細な研究仮説を導くことができた。一人ひとりお名前をあげることはできないが、感謝を申し上げたい。特に、社会福祉法人賛育会の羽生隆司氏には、介護保険制度の運用の実際についてご指導いただき、さらに調査の段階ではインタビュー先を紹介してくださるなど、多くの助けをいただいた。また、アンケート調査にご協力いただいた 265 名の施設長並びに 1,105 名の職員の皆様にも感謝しなければならない。調査公害と言われるほどアンケート調査の依頼が多いなかで、一つひとつ丁寧に質問に向き合っていただき、自由記述にも率直に現場の事情を教えてくださり、介護従事者の業務の悩みや課題について理解を深めることができた。感謝を申し上げるとともに、今後少しでも現場に役立つ研究を続け、恩返しができるよう努力して行きたい。

　また、研究を進めるにあたり、多くの先生方のご指導がなければ、本書を完成させることはできなかった。ここに先生方のお名前を記し、改めて感謝の言葉をお伝えしたい。

　主査の宮城孝先生に初めてお会いしたのは、2008 年の夏、私の母校の大邱大学に法政大学現代福祉学部の学生たちと海外研修のために来られたとき

である。そのときの手伝いがきっかけとなり、その後も日韓比較研究の手伝いをさせていただいたことが縁で、今の師弟関係となった。先生の指導スタイルは、「信頼」と「自律」という言葉で表すことができる。学生を一人の研究者として認め、自ら探求し知見を深めることを重視するからである。この信頼と自律の指導スタイルは、ときには学生として負担に思うこともあったが、研究者として独り立ちできるためには、避けて通れない関門でもあったというのを、卒業した今になって初めて気が付く。日々の研究指導のほかにも、先生の現場を重視する方針から東日本大震災の被災地域における実践研究を始め、多くの地域福祉の現場に連れて行ってくださったのも留学生として中々できない貴重な経験であった。これからも、先生の背中を見つめながら、社会に貢献できる研究者になれるよう、努力していきたい。

韓国の恩師である朴泰英先生は、学部時代から父親のような存在で、日本の社会福祉に興味を持つようになったのも先生のお陰である。学部3年の夏、先生の引率で行われた日本での社会福祉現場実習は私にとって人生の大きな転換点となった。その後、大学院修士課程に進み、日本でインターンシップを終え、さらに日本への留学を決心するまで、研究指導だけでなく生活や将来についても指導してくださり、いつもエールを送ってくださった。私を一人の研究者として育ててくださった実の親のような存在である。

副査の中村律子先生は、学内での勉強会を通して多くのご指導をいただいた。特に、質問紙作成や分析結果の解釈等について一つひとつ丁寧に見ていただき、最後の執筆段階ではスケジュールの管理までしていただき計画的に研究を進めることができた。

外部審査委員の中野いく子先生からは、論文のキー概念の整理や論文の全体的な論理性について示唆に富む多くのコメントをいただいた。力不足でご指摘を全て本研究に反映させることはできなかったが、今後の研究の方向性や視点を定めるにあたり大きな気づきとなった。卒業後にも、博士論文の出版について迷っていた私に是非チャレンジしてほしいと、勇気を与えてくださった。先生の後押しがなければ、本書が世に出ることはなかったかもしれない。

## あとがき

　独立行政法人福祉医療機構の千葉正展先生には、福祉経営論の授業を受講したことがきっかけで、介護保険制度の政策の流れや施設経営の現状など理論的な部分を始め、アンケートの内容の検討、結果分析の視点など多くのご指導をいただいた。また、入手が難しい貴重な情報や資料等をご提供いただき、研究の中身を充実させることができた。

　韓日社会福祉研究会の顧問の三本松政之先生、岡本多喜子先生を始め、会員の皆様にもこの場を借りて感謝申し上げたい。所属大学や分野を超え、お互いの研究テーマについて自由に語り合える場として博士課程1年の時から参加させていただき、博士論文の設計の段階から数回の発表を通して多くの知的刺激と励ましをいただいた。今後とも、日韓の社会福祉分野の若手研究者の良いたまり場になることを願うと共に、引き続き参加させていただき、切磋琢磨して学びあって行きたい。

　日本地域福祉研究所の大橋謙策先生をはじめ、理事の先生方、事務局員の皆様には、日本の地域福祉実践について様々な視点から学ばせていただいた。特に大橋先生には、研究テーマの根本的な理論背景をしっかりと持つことの重要性について気付かせていただいた。未熟な私には、まだまだ今後の宿題でもあり、日々の研究生活のなかでそれを忘れないよう、いつも自分に言い聞かせている。

　社会福祉法人同愛会の菊地達美理事長には、2006年に始めて来日して以来、多くのご指導と励ましを頂き、博士論文のテーマを施設経営にしたのも法人での勤務経験がきっかけであった。これからの社会福祉法人の経営はどうあるべきか、地域社会を基盤とした福祉経営とはなにか、日々の実践の中から仮説を立て改善策を探る理事長の経営活動からは、多くの気づきと研究のアイデアをいただいた。

　常磐大学コミュニティ振興学部ヒューマンサービス学科の先生方には、本書の執筆に当たり校務等への配慮をいただいた。特に、西田恵子先生には、本書の仕上げの段階で適切なご助言をいただき、感謝申し上げたい。

　このほかにも、ゼミの先輩や後輩、同期の方々から多くの助けをいただいた。特に、先輩の長谷川真司氏には、博士論文をはじめ私の全ての投稿論文

を校閲していただき、研究以外にも就職や進路など多くのご助言をいただいた。また、法政大学大学院人間社会研究科博士課程の根本勝氏は今回の出版にあたり、原稿の校閲を丁寧に行ってくださった。改めて感謝申し上げたい。

　未熟な筆者に出版の機会を与えてくださった御茶の水書房の橋本盛作社長および、出版の全プロセスでご助言と適切な編集作業を行ってくださった小堺章夫氏にも深く感謝申し上げたい。

　最後に、韓国の大邱と釜山でいつも応援してくれる家族、そしていつも私を支えてくれる愛する妻、ソヒョンにも感謝の言葉を贈りたい。ありがとう。

　　　　　　　　　　　　　　　　　　　2015年2月　　呉　世雄

【初出一覧】

本書を編むにあたり、下記の諸論文をベースに加筆修正及び再構成を行った。

序　章　　博士論文『介護老人福祉施設における経営成果とその影響要因に関する研究——介護保険制度下における施設経営への制度的・組織的要因に関する実証分析』「序章」書き下ろし

第1章　　博士論文「第2章」書き下ろし

第2章　　「介護保険制度の施策変化が介護老人福祉施設の経営に及ぼした影響——財政とサービスへの影響に関する実証分析」『法政大学大学院紀要』第69号、2012年

第3章　　「介護老人福祉施設の成功経営とその要因に関する研究——施設経営者へのインタビュー調査による質的分析」『法政大学大学院紀要』第68号、2012年

第4章　　「介護保険制度の関連施策が介護老人福祉施設の経営における財政及びサービスに及ぼした影響」『介護福祉学』VOL.20、2013年

第5章　　「介護施設における組織管理要因が職員の職務満足及びサービスの自己評価に及ぼす影響」『社会福祉学』第53巻4号、2013年

第6章　　「介護老人福祉施設の経営利益率とサービスの質関連指標との関係」『社会福祉学』第54巻3号、2013年

第7章　　「介護老人福祉施設の地域貢献活動の実施に影響を及ぼす要因」『日本の地域福祉』第26巻、2013年

終　章　　博士論文「第7章」書き下ろし

# 索　引

**あ行**

ICT　180
アウトリーチ　169, 183
赤字施設　41, 148
新しい公共　33
イコールフッティング　3, 13, 24, 32,
　　60, 74, 101, 110, 157, 193
一法人一施設　5 , 183
イニシャルコスト　28, 29, 66
医療的ケア　65
医療法人　31, 34
因果仮説モデル　120
インセンティブ　189
インフォーマル資源　197
営業担当者　27
営利企業との同様化　24, 28, 34
営利企業の参入推進論　31
NPO　1, 30, 31, 32, 185, 197
応答性　8, 125, 130, 134
大阪府社会福祉協議会　23, 159, 173,
　　183
公の支配　20, 21, 34

**か行**

外圧的動機　182
介護基盤緊急整備等臨時特例基金
　　103

介護基盤緊急整備等臨時特例交付金
　　64, 99, 106, 110
介護経営実態調査　42, 61
介護サービス情報　58, 62, 99, 106
介護事業者情報　6, 104, 120
介護市場　47, 57, 73, 157, 181, 189
介護市場環境　137
介護職員処遇改善交付金　37, 65, 99,
　　106, 110, 191
介護職員の医療行為　58, 65, 99, 106
介護職員の非常勤化　42
介護対策検討委員会報告　56
介護ニーズの普遍化　182
介護の社会化　47, 60, 182
介護のデフレスパイラル　44, 64, 73,
　　97
介護報酬改定のルール　174, 187
介護報酬管理　140
介護保険制度への適応　7, 159, 167,
　　171
介護老人福祉施設　2, 19, 25, 37, 41,
介護労働の重度化　60
外部環境　3, 12, 26, 42, 74
外部環境要因　3, 10, 13, 74
会福祉法人の在り方等に関する検討
　　会　21, 195
下降的イコールフッティング　32

家庭奉仕員派遣事業　49
貨幣的評価基準　188
我慢経営　2, 73
カリスマ　8, 82
緩衝機能　181
官制的特性　185
監督・監査指導　22
企画機能　173
企業型経営志向　184, 186
企業型経営手法　186
規制改革会議　33
規制改革実施計画　195, 198
逆選択　190
キャリアパス　86, 102, 133
教育研修制度　86
共感性　8, 125, 130
供給主体の多様化　1, 23, 30, 57, 157
競合環境　26
競合他社　26
行政型供給組織　30
競争相手　173
競争環境　33
競争原理　13, 31, 36, 44, 53, 190
競争条件の均一化　32, 66, 74
共分散構造分析　116, 122
QWL（Quality of Work Life）測定
　　尺度　7, 121, 153
黒字施設　41, 42
経営（定義）　1, 26
経営改善　61, 97, 109, 152, 190

経営概念　1, 25
経営格差　159
経営革新　111, 188
経営感覚　178, 181, 197
経営環境　2, 12, 19, 25, 73, 193
経営環境の変化　10, 25, 26, 192
経営管理研修　172
経営危機　1
経営資源　1, 12, 25
経営成果　2, 10, 11, 73, 81, 89, 97,
　　115, 122, 187, 192
経営成果の構成要素　76, 88, 89
経営戦略　2, 4, 25, 73, 109, 151, 172,
　　177, 182, 187, 196
経営体質　177, 186, 197
経営特性　159, 162, 169
経営難　2, 20
経営能力　2, 42, 73
経営のジレンマ　90, 185
経営不安　15, 62, 140, 188
経営方針　5, 133, 150, 160
経営理念　82, 90, 159, 178
経営力　14, 83, 179, 188
経済同友会　33, 34, 45
軽費老人ホーム　48
契約制度　19, 25, 30, 55, 57
嫌悪施設　182
減価償却　28, 143, 150, 173, 187
憲法89条　20
公益施設　182

公益性　10, 21, 23, 33, 35, 151, 157, 185, 194
公益法人　11, 21, 196
公設民営　31
構造改革特別区　31
行動特性　115
広報活動　172, 186
広報機能　173
ゴールドプラン　37, 53, 54
個室・ユニット化　59, 99, 106
コスト・パフォーマンス　11, 14
個別的配慮　8, 121, 128, 132
コミュニティ経営　198
コミュニティソーシャルワーカー　24
コムスンの事件　90
コンティンジェンシー理論　14

### さ行

サービス提供機能　182
サービスの自己評価　9, 121, 125, 131, 139, 146
サービスの質　9, 47, 61, 76, 88, 99, 109, 128, 132, 137, 143, 190
サービスの質関連指標　137, 140, 143, 147, 151
SERVQUAL 尺度　9, 121, 134, 153
再投資　150, 152, 184
財務管理　179, 186
差別化　11, 159, 182, 192

参加型供給組織　30
参入規制　19, 26, 32, 193
残余財産　22
自己管理　111, 151, 178, 188
自己競争　2, 73
自己制限　151, 189
自己努力　13, 26, 102, 108, 159, 173, 186
自主財源　173, 175, 186, 197
自主財源確保機能　173
支出対象経費区分　26, 137
市場型供給組織　30
市場原理　55
自助努力　13, 50, 98, 102, 184
施設運営感覚　177
施設開放　163, 169
施設整備補助金の交付金化　61, 64, 99, 103, 106
施設長研修　181
施設の地域化　158, 161, 169, 182
施設の社会化　158
施設福祉から在宅福祉へ　53
持続可能性　64, 97, 102, 110, 139, 151, 177, 185, 188
実在内部留保　194, 198
指定管理者制度　32
使途制限　1, 26, 28, 152
社会起業経営　198
社会的企業　184, 199
社会的企業の本質　184

社会的入院　51
社会福祉基礎構造改革　1, 13, 19, 23, 27, 54, 69, 70
社会福祉経営論　30
社会福祉事業　20, 25, 31, 186, 195
社会福祉事業法　20, 55, 56
社会福祉施設緊急整備５ヵ年計画　49
社会福祉実践方法　178
社会福祉法人　1, 19, 21, 22, 34
社会福祉法人会計基準　27, 45
社会福祉法人の企業化　28
社会福祉法人の存在意義　25, 157, 182
社会福祉法人批判論　25
社会保障制度に関する勧告　20
収支差額　14, 41, 44, 138, 153
集団維持志向　117
重度化対応加算　191
準市場　14, 69, 111, 154, 177
状況適応理論　14
常勤換算　29, 58, 66, 99, 101, 106
上昇的イコールフッティング　37
情報公表制度　99
職員体制の空洞化　29
処遇改善加算　102, 191
職務ストレス　85, 92
職務満足　7, 78, 119, 121, 125, 131, 140, 145, 180, 181
人件費率　29, 42, 152, 188

新ゴールドプラン　37, 54
人事考課制度　81, 85, 92, 181
人事労務管理　9, 59, 85, 92
新予防給付　58, 63, 66, 99, 106
スーパービジョン　118
生活協同組合　31
生活圏域　182
生活困窮者レスキュー事業　24, 183
生活保護法　21, 48
成長満足　8, 121, 130, 145
制度外のニーズ　35, 157
制度環境　14
制度適応　10, 13
制度の持続可能性　61, 66, 189
制度の狭間　24, 76, 79, 163, 169
静養ホームたまゆら火災死傷事件　60, 64, 103
石油危機　48, 50
潜在的ニーズ　163, 169
総合相談　183
相談機能　182
組織改革　4, 10
組織管理の構成要素　73, 81
組織能力　26
組織文化　81, 83, 88, 94, 180, 188
組織マネジメント　174, 178, 181
組織マネジメントスキル　178
組織力　4, 78, 81, 91, 188
措置委託　13, 19, 21, 25
措置制度　1, 25, 28, 55, 59, 68, 74,

137, 157
措置制度から契約制度へ　25, 30

**た行**

第一種社会福祉事業　20, 36, 44
待遇満足　8, 121, 130, 145
第三者評価　58, 61, 99, 107, 190
退職手当共済制度　22, 33, 62, 101
対人関係要因　118
第二種社会福祉事業　20, 44
多職種協働　117
地域還元　163, 169
地域貢献活動　7, 10, 89, 158, 173, 181, 183, 187, 193, 195
地域貢献活動の義務化　193, 195
地域貢献活動の阻害要因　173
地域資源　8, 182
地域資源のネットワーク機能　182
地域密着型サービス　63, 99, 106
地域を基盤としたソーシャルワーク　24
チーム・プロセス　118
チーム・リーダーシップ　91
チーム志向性　91, 118
チームワーク　9, 84, 91, 119, 121, 122, 179
知的刺激　9, 121, 128, 132
着任研修　172, 179
中間管理者　172, 179
中間管理者研修　172

中間リーダー　178, 180
適正利益　139, 147, 149, 153
適正利益率　149, 188
適正利潤　154, 188
独占市場　26, 35
特別養護老人ホーム　48, 99, 103
トップリーダー　90, 178
努力－報酬不均等モデル　148

**な行**

内発的動機　182
内部環境　3, 12, 13
内部環境要因　4, 13, 74
内部留保　24, 89, 182, 194, 195
ニーズキャッチ　183
日本型福祉社会論　50
日本再興戦略　33
入所待機者　59, 64, 73, 110, 190
入所優先順位基準　60
認可型供給組織　30
寝たきり老人調査　48
ネットワーク型の地域貢献活動　183
年功序列　14, 86, 93

**は行**

発生源内部留保　194
バブル経済崩壊　54
非営利性　21, 26
非競争的市場　35

非公共的福祉組織　30

評価制度　189

付加価値　82, 186, 196

福祉元年　50

福祉教育　163, 169

福祉経営　1, 15, 46, 70, 176, 198

福祉資源　158

福祉的機能　53

福利厚生　87, 153

閉鎖性　158, 182

法人税課税化　193, 195

保証性　8, 125, 130

補助と規制の原理　22


## ま行

マクロ環境　12

マネジメント機能　4, 115

マネジメント努力　171

守られた経営　26

守りの経営　15, 26, 44, 67

ミクロ環境　12

民活路線　52

報われない経営努力　42, 67

目標達成志向　117

モチベーション　9, 84, 91, 121, 128, 133

モラルハザード　151, 189

問題解決機能　182


## や、ら、わ行

役割葛藤　179

優遇制度　13, 24, 32

ユニットケア　39, 60, 99, 105, 179

ユニットリーダー　84, 121, 180

養護老人ホーム　48

養老施設　48

余裕財産　194

余裕資金　29

ランニングコスト　28, 66

リーダーシップ　8, 81, 88, 118, 133, 135, 136, 180

リーダー職離れ　180

利益率　137, 139, 143, 188

利益率追求型経営　150

離職率　64, 76, 115, 137

リスク管理　118

利用者環境　26

利用者主権　19

利用者の重度化　40, 60, 118

利用者本位　30, 35, 56, 185

倫理経営　28

老人医療費支給制度　49, 52

老人医療無料化　49

老人家庭奉仕員制度　48

老人福祉法　21, 37, 48, 152

労働効率性　14

労働集約型サービス　29, 92, 137

著者紹介

呉　世雄（お　せうん）

1980 年　韓国（金泉）生まれ。
2013 年　法政大学大学院人間社会研究科博士課程修了。博士（人間福祉学）
現　　在　常磐大学コミュニティ振興学部助教
専門分野　福祉経営、地域福祉
主　　著　「介護老人福祉施設の経営利益率とサービスの質関連指標との関係」『社会福祉学』第 54 巻 3 号、2013 年。「介護施設における組織管理要因が職員の職務満足及びサービスの自己評価に及ぼす影響」『社会福祉学』第 53 巻 4 号、2013 年。「介護保険制度の関連施策が介護老人福祉施設の経営における財政及びサービスに及ぼした影響」『介護福祉学』VOL. 20、2013 年。「社会的企業における経営の活性化要因に関する探索的研究――日本と韓国における事例比較の視点から」『コミュニティソーシャルワーク』第 12 号、2014 年。

※本書は、2014 年度法政大学大学院博士論文出版助成金を得て刊行されました。

## 介護老人福祉施設の経営成果と組織管理
――福祉経営の時代における目指すべき経営と戦略――

2015 年 3 月 10 日　第 1 版第 1 刷発行

著　者　呉　　世　雄
発行者　橋　本　盛　作
〒113-0033　東京都文京区本郷5-30-20
発行所　株式会社　御茶の水書房
電話　03-5684-0751

©Oh Sewoong 2015
Printed in Japan

印刷・製本：シナノ印刷㈱

ISBN 978-4-275-02007-9 C3036

|  |  |  |
|---|---|---|
| 高齢者の住まいとケア——自立した生活、その支援と住環境 | 嶺　学編著 | A5判・三三二頁　価格 四二〇〇円 |
| 高齢者のコミュニティケア——医療を要する在宅療養者の生活の質の向上を目指して | 嶺　学 他編 | A5判・二六四頁　価格 三八〇〇円 |
| 高齢在日韓国・朝鮮人——大阪における「在日」の生活構造と高齢福祉の課題 | 庄谷怜子・中山徹著 | A5判・五一四頁　価格 七八〇〇円 |
| 医療機能分化と連携——地域と病院と医療連携 | 小磯　明著 | 菊判・六一〇頁　価格 七六〇〇円 |
| 地域と高齢者の医療福祉 | 小磯　明著 | A5判・三三二頁　価格 四六〇〇円 |
| 在宅福祉政策と住民参加型サービス団体——横浜市ホームヘルプ協会と調布ゆうあい福祉公社の設立過程 | 松原日出子著 | A5判・二七〇頁　価格 四八〇〇円 |
| タイの医療福祉制度改革 | 河森正人著 | A5判・二三二頁　価格 四八〇〇円 |
| インドネシアの地域保健活動と「開発の時代」——カンポンの女性に関するフィールドワーク | 齊藤綾美著 | 菊判・四二〇頁　価格 八〇〇〇円 |
| 「貧困」の社会学——労働者階級の状態 | 鎌田とし子著 | 菊判・八六〇頁　価格 四二〇〇円 |
| 世界と日本の格差と貧困——社会保障と税の一体改革 | 香川正俊著 | A5判・二三四頁　価格 三六〇〇円 |
| 福祉国家再編の政治学的分析 | 加藤雅俊著 | A5判・三三四頁　価格 六六〇〇円 |

御茶の水書房
（価格は消費税抜き）